U1068925

数字经济时代统计学创新人才培养研究

唐年胜　张　理　赵　慧　编著

科学出版社
北　京

内 容 简 介

随着数字经济时代的到来，各行业对统计数据分析人才的需求与日俱增，对其知识、能力、素质的要求也发生了新的变化，致使高校统计学人才培养面临新的机遇和巨大挑战。本书以习近平新时代中国特色社会主义思想为指导，探索数字经济时代地方高校统计学创新人才培养的新理念和新模式。特别是，本书从专业人才培养方案、课程思政建设、课程体系创新、教学方法改革等方面，阐述了数字经济时代地方高校统计学创新人才培养的新理念、新思路、新模式以及以云南大学统计学专业人才培养为案例的实践探索和创新成果。

本书可作为高等院校统计学、应用统计学以及与数据分析有关的本科专业人才培养改革实践和研究的参考书。

图书在版编目（CIP）数据

数字经济时代统计学创新人才培养研究 / 唐年胜，张理，赵慧编著. —北京：科学出版社，2022.10

ISBN 978-7-03-071731-3

Ⅰ. ①数… Ⅱ. ①唐… ②张… ③赵… Ⅲ. ①统计学-人才培养-研究-中国 Ⅳ. ①C8

中国版本图书馆 CIP 数据核字（2022）第 037965 号

责任编辑：姚莉丽 张翠霞 / 责任校对：杨聪敏

责任印制：张 伟 / 封面设计：陈 敬

科 学 出 版 社 出版

北京东黄城根北街 16 号

邮政编码：100717

http://www.sciencep.com

北京凌奇印刷有限责任公司 印刷

科学出版社发行 各地新华书店经销

*

2022 年 10 月第 一 版 开本：720×1000 1/16

2023 年 11 月第三次印刷 印张：13

字数：240 000

定价：79.00 元

（如有印装质量问题，我社负责调换）

编　委　会

主　任：唐年胜

委　员（按编写内容顺序排名）：

张　理　赵　慧　陈　黎　唐　琳　李会琼
吴　莹　周建军　朱永刚　曹石云　周新建
陈　丹　赵普映　潘蓄林　李青泽　般溪源
唐安民　吕　君　彭　程　潘东东

前　言

本书是云南大学统计学专业人才培养模式创新与改革的阶段性成果。

由于地处祖国西南边陲，云南经济发展起步较晚，起点较低，其高等院校在优质教育资源获取、产学研协同等方面长期落后于东、中部地区。为深入贯彻落实习近平新时代中国特色社会主义思想，探索中国特色社会主义高等教育强国之路，在经济落后地区闯出一条跨越式发展的人才培养之路，服务地方社会经济发展，云南大学统计学专业一直在不懈地努力探索适应社会发展需求的创新人才培养之路。本书是对这个探索过程的阶段性整理，在以下方面具有一定特色。

第一，文献研究和社会实际需求研究并行。本书从学术和社会两个视角开展人才培养研究：从文献研究角度考察统计学人才培养的学术关注度；从社会实际需求角度考察统计学人才培养的社会关注度。本书通过对国内高校统计学专业人才培养文献进行文献计量分析，展示了国内高校统计学专业对人才培养的研究现状。分析发现，统计学人才培养的学术关注度不高，爆发性研究热点也很少，但对统计学人才的社会实际需求却越来越大，其社会关注度较高，因而对其进行系统研究非常有必要。

第二，构建了以教育理论为基石的系统性研究框架。现有文献大多聚焦人才培养模式研究，尤其注重对策性研究。相关教育思想和理论研究甚少，使得现有研究缺乏理论根基，这就导致现有许多研究的理论深度不够。本书以中国特色社会主义高等教育理论体系为指导，梳理了教育理论→培养理念→培养模式→培养成果等之间的逻辑关系。特别是，将当前倡导的课程思政改革这个大课题研究嵌入到教学模式中，以此为依托构建人才培养系统性研究框架，也为我们进行长期的人才培养改革实践奠定理论基础。

第三，以大量案例展示实践探索。高校人才培养是最终要落实到实践中的一项系统工程。本书穿插了云南大学统计学一线教师在教学改革中的思考和实践案例。这些案例覆盖了专业人才培养模式、课程思政改革、问题导向式教学、雨课堂-翻转课堂教学、启发式教学、实验教学、实践教学、考核方式等，展示了云南大学统计学科在将教育教学理论研究与实践相结合、开展教学学术研究、培育教学文化等方面的有益探索。

本书由云南大学数学与统计学院部分教师、博士生、博士后共同撰写。具体写作分工如下：第 1～5、12、13 章由唐年胜、张理撰写；第 6 章由赵慧、陈黎、唐琳撰写；第 7 章由李会琼、吴莹撰写；第 8 章由周建军、唐琳、吴莹撰写；第 9 章由张理、赵慧撰写；第 10 章由朱永刚、曹石云撰写；第 11 章由赵慧、周新建、朱永刚、曹石云撰写；第 14 章由陈丹、赵普映、潘蓄林、李青泽、殷溪源、唐安民、吕君、彭程撰写；第 15、16 章由唐年胜、张理、潘东东、周建军、李会琼、陈黎撰写。

感谢科学出版社姚莉丽女士的帮助。鉴于笔者的能力有限，书中的不足之处在所难免，敬请读者不吝指正。

作　者

2022 年 2 月

目　录

第五篇　教学改革探索

第六篇 教 学 成 果

第一篇

统计学人才在数字经济时代的机遇和挑战

数字经济时代，大数据、云计算、物联网、区块链、人工智能、5G通信等信息化技术给社会带来了深刻变化。在产业数字化和数字产业化的推动下，许多行业每天都在产生大量数据，运用和分析数据增强了生产、销售、分配、消费以及政府管理的时效性，提高了各行业部门组织机构的工作效率。数据已然成为社会经济新型而重要的生产要素。对数据进行分析，从中提炼信息并指导决策，已纳入这个时代社会以及政府管理各个环节的常规工作，社会爆发出对数据分析人才的大量需求。在这个时代，以数据分析为特点的统计学人才迎来了新的机遇，同时也面临着巨大的挑战。

第1章

统计学人才培养的机遇和挑战

信息化技术催生新行业，改造传统产业，不断拓展统计学专业的应用领域，促使统计学越来越密切地与经济、管理、商业、物流、生物、医学、环境、地质、司法、教育、旅游、心理、民族、社会、人文等学科相结合，因而在统计学人才就业前景持续向好的同时，统计学人才培养的难度也有所增加。

这对高校统计学人才培养来说，既是新的机遇，又是更大的挑战。新机遇是社会需求及其发展为统计学人才提供了越来越多的机会，就业空间更大了，统计学人才培养更加受到社会各方面的高度重视。更大的挑战则是社会对高校统计学如何培养具有交叉学科背景、创新思维能力和实际应用技能的专业人才提出了更高、更多的要求。特别是大数据处理对计算机技能要求较高，有的高校计算机科学专业开设统计学专业课程后，该专业毕业生比统计学专业毕业生更加受到数据公司的欢迎，这就给统计学人才培养提出了新要求：统计学专业人才培养如何定位？如何分规格培养多层次人才？如何确定宏观、中观、微观培养目标？如何设计培养体系？如何提供能胜任创新型数据分析人才培养的师资及教学资源？……一系列问题都促使我们深入思考当前的高校统计学教育该如何与社会需求协同发展等诸多问题。

1.1 社会发展为统计学人才培养提供更大的舞台

中华人民共和国成立以来，统计学专业人才的社会需求大致分为政府统计需求和非政府统计需求（非政府统计指由非政府机构或部门开展的涉及市场调研、数据分析、决策咨询等内容的一系列统计活动）。

计划经济时代，政府统计工作以编制、执行经济计划为主要内容，我国高等院校统计学专业以培养编制、执行和监督经济计划的专业人才为主，当时许多高校尤其是财经院校的统计系名称就是“计划统计系”（可看作是现在“经济统计”专业的前身）。进入20世纪70～80年代，市场经济在国内萌芽，为适应经济转型需要，各级政府及社会各部门统计机构、岗位开始急需专业人才，如政府统计部门（指政府综合统计机构）、企业财务与办公统计部门、生产及质量控制部门、营销统计和仓储物流统计部门等，这些岗位对统计人才在较长一个时期均保持相当大的需求。该时期多数高校统计学专业人才培养的目标就是“为政府统计部门、统计学教育和科研培养新生力量”（黄海，1998）。这个阶段，政府统计部门长期在统计学专业学生就业中占有较高比重。

20世纪90年代开始，随着我国保险精算、金融数据库建设与风险管理等行业快速发展，这些领域对具有良好数学基础和统计基础的统计人才的需求较大。部分高校统计专业专设金融、保险及风险管理方向，如中国人民大学，这个时期，统计学专业毕业生开始大量进入金融、保险行业。

同时，随着市场经济进一步发展，民间统计活动在市场竞争中发挥着越来越重要的作用。民间统计机构主要包括各类统计调查公司、数据分析公司、管理咨询公司以及各级统计研究学会等。进入21世纪，在京、沪等经济发展较快的地区，率先出现了许多调查咨询公司，专门为企业从事市场调查、数据分析等业务。这类民间统计机构在我国东部沿海地区发展较快，后逐渐向中西部发展。这些机构需要大量受过系统统计专业训练且具有良好数据思维、较强数据分析能力的人才，它们也成为统计专业学生就业的主要渠道之一。

21世纪，社会进入信息化时代，大数据、云计算、物联网、工业互联网、人工智能等一系列以计算机为基础的数字化技术快速推动数字经济社会变革。在数字经济时代，数据不仅是资源，而且作为产业数字化、数字产业化的新动能，为企业经营决策、商品服务贸易、社会全面治理等，带来了新的价值增值，成为数字经济的重要生产要素。数据采集、数据标注、时序数据库管理、数据存储、商业智能处理、数据挖掘和分析、数据交换等数字生产技术领域迅速发展，通信、医疗、电商、物流、餐饮、住宿等多个行业用户数据暴涨。各行业都很急需专业人才进行数据处理、分析和信息挖掘，社会对数据分析人才的需求前所未有地增长，所有涉及数据分析的行业都是统计学专业毕业生的用武之地。这使统计学不仅能在各行各业发挥更大的作用，同时也为更多的学科发展提供服务。例如，不仅在所有需要数据分析的行业，而且在所有与大数据、人工智能等新技术有交叉融合的专业，如新工科、新文科、新医科、新农科“四新”专业建设中，统计学提供的数据分析方法都能发挥巨大作用。统计学人才的社会需求骤然增大，其未来的社会需求潜力巨大，为统计学人才培养提供了更大的舞台。

1.2　统计学人才培养随着社会需求发展在不断革新

1.2.1　国外统计学人才培养发展概况

早在古希腊时期，亚里士多德（Aristotle，公元前 384—公元前 322）撰写“城邦政情”（又称“城邦纪要”），对当时 150 个城邦的历史、行政、科学、艺术、人口、资源和财富等社会和经济情况进行比较、分析，被认为是最早期的国情资料分析。至 17 世纪，威廉·配第（William Petty）提出“政治算术”一词，将统计方法与数学计算和推理方法结合，用数字、重量和尺度分析社会经济问题，后演化为“统计学”（statistics）。受此影响，欧洲大学已开设“国情纪要”或“政治算数”等课程，培养满足能分析国情资料的社会需求人才。

20 世纪，以英国为代表的市场经济发展迅速，量化分析在经营决策中的作用日益受到重视，许多岗位都需求能够分析调查和观测资料的统计学人才。由于数据收集手段的限制，医学、商务、金融等领域大量产生分析样本数据的需求。1908 年，威廉·希利·戈赛特（William Sleey Gosset，笔名 Student，“学生”氏）发表了关于 t 分布的论文，创立了小样本代替大样本的推断统计方法，开创了统计学研究的新纪元。19 世纪末，欧洲大学的“国情纪要”或“政治算数”等课程逐渐被改为“统计分析科学”（science of statistical analysis）课程，主要培养分析研究社会经济问题的统计学人才。该专业毕业生的职业需求总体上以医药公司、财务公司、银行和保险公司的需求量最大，工资水平也比较高，主要对经营业务数据进行预测、推断，帮助决策。此外，其他公司的市场调研部以及政府部门对统计学专业毕业生也有一定的需求。这个时期，统计分析科学开始广泛应用于社会科学、自然科学和工程技术科学领域。

进入 21 世纪，随着计算机技术及互联网发展，以 Google 在 2004 年前后发表的分布式文件系统 GFS、大数据分布式计算框架 MapReduce 和 NoSQL（not only SQL，非关系型数据库）系统 BigTable 为标志，大数据技术对社会经济各行业产生了深刻的影响，数据科学家逐渐成为热门职业，因而大学培养数据分析人才的统计学专业越来越受到全球重视。

1.2.2 国内统计学人才培养发展概况

由于历史原因，我国统计学学科长期在两个大领域平行发展：一个是以数学学科为背景的数理统计学，另一个是以经济学学科为背景的经济统计学。

以数学为背景的统计学专业一般设置在数学学院或数学与统计学院，例如北京大学统计学专业设置在数学科学学院，武汉大学统计学专业主要包括概率论和数理统计两个专业方向，设置在数学与统计学院等。北京大学本科统计学人才培养目标是“使学生打下坚实的数学基础，培养创造性的科研创新能力，了解和掌握丰富的现代统计方法”；武汉大学统计学人才培养目标是“培养具有良好的数学素养，掌握统计学的基本理论和方法，能熟练地运用计算机分析数据，能在企业、事业单位和经济、管理部门从事统计调查、统计信息管理、数据分析等开发、应用和管理工作，或在科研、教育部门从事研究和教学工作的高级专门人才”。

以经济学为背景的统计学专业一般设置在财经类院校或综合性大学的统计学院，如中国人民大学、上海财经大学等。中国人民大学的统计学院隶属于经济学部，其人才培养理念是“培养立足于世界舞台的复合型统计人才”，“统计学类各专业培养具有良好的统计职业道德，有理想，热爱统计学及其应用，擅长数据分析，掌握统计学基本理论与方法，能正确运用统计方法和统计软件分析数据和解决实际问题的专业人才”。其中，统计学专业主要培养擅长统计理论与方法研究的专门人才；应用统计学专业主要培养应用统计方法从事风险管理与精算工作的专门人才；经济统计学专业主要培养可以在各个经济社会部门进行统计信息处理和数据分析的专门人才。上海财经大学应用统计专业硕士的培养目标之一是“应掌握统计学基本方法和较系统的统计学专门知识，具有较扎实的经济学基础理论；较为熟悉地掌握一门外国语并能阅读本专业的外文资料；能够理论联系实际，具有对现实经济问题进行统计分析的能力，将经济关系数量化和统计初步建模的能力，并能从事统计实务工作的能力；为政府部门、大中型企业、咨询和研究机构培养高层次、应用型统计专门人才”。由此可见，这两大类统计学在人才培养目标上还是有一定差异。

但是，社会需求发展要求统计学的发展趋于融合统一。统计学学科的方法论和工具性特点决定了统计学的应用领域很是广泛，统计学人才因之应具有多个领域知识。统计学专业与经济学、管理学、生物医学、环境科学等多学科融合，可以培养具有交叉学科知识的能解决实际问题的数据分析人才。随着市场经济的发展和信息技术对各行业的渗透和影响，实际应用对统计学人才的计算机应用及编程能力要求越来越高。统计学专业与计算机科学专业的交叉结合，可以培养懂计算机编程，能应用统计软件的大数据分析人才。这种学科的交叉融合需求决定了“大统计”的发展趋势。

教育部于 1998 年实施第三轮本科专业目录修订工作，并颁布 1998 年版《普通高等学校本科专业目录和专业介绍》，对学科目录的设置进行改革，将分散在数学学科下的数理统计专业和经济学学科下的经济统计学专业调合为理学门类下的统计学专业，可授理学或经济学学位。2012 年颁布的《普通高等学校本科专业目录和专业介绍（2012）》，在理学门类下增设了应用统计学专业，但同时在经济学科下新增了经济统计学专业。国务院学位委员会、教育部启动了学科目录修订工作，也对学科目录进行了修订，在 2011 年颁布了《学位授予和人才培养学科目录（2011 年）》，将统计学增设为理学门类下的一级学科，各高校根据需要可设数理统计、社会经济统计、生物卫生统计、金融统计、应用统计等二级学科。至此，我国在不同背景下的统计学科进入了“大统计”发展时代。

在这个背景下，教育部从 2015 年开始陆续批准高校设置“数据科学与大数据技术”专业，有的高校设置在统计学院（系），可授理学或工学学位，有的高校设置在计算机科学学院（系），授工学学位，以满足社会各行各业对数据分析人才的需求。

1.3　社会需求发展对统计学人才培养的挑战

1.3.1　对统计学科的挑战

统计学是一门以数据为研究对象的方法论学科，是数据科学的核心学科之一。现代科学技术以及互联网技术的快速发展，为数据的实时收集提供了可能和新的途径，也为数据的存储提供了保障。数据正以前所未有的速度和规模发生变革，大量非结构化数据，例如图像、图片、视频、音频、XML、HTML 和文本等数据，逐渐深入到人们工作和生活的方方面面。这些数据具有数据体量大、数据类型繁多、价值密度高、结构多样、处理速度快等特点，给统计学原有的知识和理论体系、框架结构及思维模式带来巨大挑战（宗义湘等，2017）。主要挑战包括：①统计学独立同分布假定不再成立。统计学在漫长的发展中，有着自己的特点，经典统计学一般都有一个假设条件，即数据独立同分布的假设，此条件在大数据下很多时候变得不再成立。②大数据有时是以完全样本出现的，传统的抽样理论和方法在此环境下的应用需要进行新的研究。③当数据量很大时，传统的统计学方法不再适合，大规模的数据处理对传统统计推断等方法提出挑战，要求发展新的机器学习方法。④大数据时代的数据不再是传统的数值型数据和属性数据，数据的表现形式更多样。针对多样化的数据类型，统计分析处理方法相应地也要发展，以适应新型数据。

1.3.2 对统计学人才的挑战

数字经济以信息技术为核心，表现为大数据技术对社会经济各领域的渗透。进入21世纪，大数据技术迅速发展，特别是移动4G、5G网络的发展，带动了移动互联网用户规模急剧增加，产生了丰富的数据资源，导致社会经济和生活方式都在发生巨大变革。2015年国务院印发了《促进大数据发展行动纲要》（国发〔2015〕50号），该纲要中提出："信息技术与经济社会的交汇融合引发了数据迅猛增长，数据已成为国家基础性战略资源，大数据正日益对全球生产、流通、分配、消费活动以及经济运行机制、社会生活方式和国家治理能力产生重要影响。"大数据环境下，适应社会需求的数据分析人才需要具有如下能力①。

1. 数据思维能力

数据思维是指具有认为"事物皆可测"的思维，在此思维指引下，有能力将事物的发展变化数据化，借助数据分析方法发现知识、获得经验，并借助模型或算法推测事物未来发展变化规律。即具备把社会经济运行数据化，实现实时分析、实时测量的能力。这需要具有扎实的数理基础、熟练的统计学分析方法和大数据分析技术，熟悉业务应用场景，才能对数据"有感觉"，有较强的洞察力，贯穿理论与实际应用。

2. 跨学科知识学习、终身学习能力

鉴于大数据的行业渗透性强，大数据分析人才需要同时掌握数据技术和业务知识。如数据分析师，不仅要具备数据分析、数据挖掘和机器学习等能力，还应了解市场营销、商业模式、金融交易、工程管理等相关领域知识，是具有交叉知识的复合型人才。在知识爆发性增长年代，学生在校期间学习的知识永远有限，更多专业知识、各领域知识需要从实际工作中学习，终身学习。因此大数据分析

---

① 从事大数据行业对人才的能力有什么要求？[EB/OL]. (2018-07-12) [2022-01-06]. https://www.sohu.com/a/240794256_401265.

人才需要具备专业知识更新能力、极强的跨学科知识学习能力，能快速学习新知识，具备创新能力。

3. 计算机编程、计算能力

大数据人才需要具备熟练操作计算机、熟练使用软件的能力，尤其是需要具有较强的编程能力。比如，具备 java、大数据开发、大数据架构、软件开发工程等技术背景，会用 SQL/SPSS/SAS 等分析工具，熟练掌握 R、Python 等通用型编程语言，进行分布式计算等，具备较强计算能力。

4. 综合素质高

数据分析人才，不仅要会分析，也要懂管理。数据分析实践包括数据和业务两大部分，涉及多部门协同合作。数据团队和业务团队之间需要沟通协调，通力合作。因此，需要善于合作，团队意识强，具备较强沟通协调能力、组织管理能力、方案推广能力和全局责任意识的综合素质高的数据分析及管理人才。

综上所述，社会发展对高校统计学专业人才培养提出的新需求是，高校统计学专业应培养具有数据思维、学习能力强、计算能力强、综合素质高的交叉复合型人才。

1.4　当前高校统计学专业人才培养存在的问题及相关研究

尽管高校统计学人才培养总体上随着社会需求在不断优化发展，但是，从用人单位的一些反馈来看，当前大多数高校的人才培养，不论数量还是质量都与社会需求存在一定差距。具体表现在以下几个方面。

1.4.1　人才培养目标没有及时跟上社会需求

长期以来，大多数高校统计学专业的人才培养目标都以培养满足政府部门、企事业单位各部门需求为主，与各应用领域结合得不够密切，较少明确提出培养交叉复合型人才理念，同时，培养目标中对“三全育人”的重视不够。这些导致统计学专业毕业生的知识结构过于狭窄，对培养统计学专业毕业生的创新能力不利（罗良清和郭露，2018）。

控制论的创始人维纳曾指出，在科学上能够取得最大收获的领域是那些已经建立起来的学科之间无人问津的空白区。这意味着创新往往产生在学科交叉的领域。缺乏多领域知识的毕业生其创新能力不强，导致与社会实际需要脱节。这就需要高校的人才培养目标及时跟上社会需求。

目前，已有少数高校在统计学专业人才培养目标上出现了明显转变，提出了以培养具有交叉学科背景的应用型人才为目标。祝丹和陈立双（2016）通过对清华大学的多学科交叉培养的大数据硕士项目、中国人民大学等五所高校协同创新平台的"应用统计专业硕士"大数据分析人才培养模式、天津财经大学珠江学院的"数据工程专业人才培育"等统计学人才培养改革项目进行案例分析，发现培养交叉学科背景、设置模块化课程、强化实践教学、多方参与深度对接是大数据背景下统计学学科人才培养的创新模式。

1.4.2 课程设置侧重理论化，实践性不足

理论性较强的课程不利于培养学生应用及实践能力。受人才培养目标的影响，不少高校的统计学课程设置在以下课程之间的配比协调性还有待改善：数学类基础课程与统计学专业课程的配比；统计学理论性课程与实践性课程的配比；统计学专业课程与领域性知识课程的配比；不同教学层次之间专业课程的配比；等等（罗良清和郭露，2013）。多数情况是各种失衡问题，例如：数学、统计学的理论课程较多，但是编程技术类课程、实践应用性课程不足；统计学专业课程丰富，但是领域性知识课程、交叉学科课程缺乏；等等。

总的来看，目前课程设置范围还较窄，实践应用性、交叉复合性、综合素质类课程设置不够，不能满足培养具有数据思维、学习能力强、计算能力强、综合素质高的交叉复合型人才要求。

朝乐门等（2018）在教育部2017年正式批准开设数据科学与大数据技术专业的背景下，在调查分析了加州大学伯克利分校、约翰·霍普金斯大学、华盛顿大学、纽约大学、斯坦福大学、卡内基梅隆大学、哥伦比亚大学、伦敦城市大学等8所世界一流大学的数据科学与大数据技术专业培养方案，分析其特色课程的基础上，提出数据科学与大数据技术专业的10类特色课程应为：①"理论基础"类课程；②"基础理论"类课程；③"领域应用"类课程；④"数据呈现和沟通"类课程；⑤"数据计算"类课程；⑥"数据管理"类课程；⑦"数据分析"类课程；⑧"数据产品开发"类课程；⑨"人文"类课程；⑩"综合训练"类课程。朝乐门等（2018）认为应加强数据科学技术、统计学与领域知识的高度融合。

1.4.3　专业教学内容未及时更新，与社会需求脱节

何星钢和黄激珊（2020）发现，数字经济背景下，数据获取技术、数据预处理技术、数据挖掘技术、数据展示技术等是数据分析人才的必备技能，但高校统计学类课程的教学内容与知识体系同这些社会需求不能很好地对接。

当前统计学专业课程主要还是以经典的统计学理论和方法讲授为主，缺乏对大数据背景下统计学最新发展的前沿知识和研究热点讲解。尤其是经济统计学类本科教学中很少在课堂上对大数据的实用技术，以及最新的研究成果及其应用领域进行阐述，使得学生在计算机技能、编程能力、数据库知识、分布式计算等数据分析处理应用能力等方面相对较弱。学生的数据思维发展受到限制，在数据分析岗位上的“落地”能力较差。

崔立志（2019）提出，在经济统计人才培养中应适当增加数据库应用、机器学习建模等教学内容，加强软件编程思维训练，提升数据清洗等数据处理能力。

1.4.4　师资队伍缺乏多元化领域背景

随着统计学教育的发展，目前统计学专业教师团队越来越年轻化、高学历化，具备扎实的统计学理论基础。但是，统计学专业教师对大数据领域以及交叉学科和跨学科领域的其他课程和内容相对比较陌生，缺乏领域性知识和交叉知识以及应用场景训练，也较少组建跨学科教学、科研团队，这种局面不利于学生的创新思维的培养。创新思维是以一定的理论和实践为基础，打破现有思维定式，从不同角度探索事物发展规律的实践性、整合性和开创性思维，具有交叉领域融合是创造能力发挥的首要条件。教学、科研团队的知识交叉融合是培养学生创新的沃土。

1.4.5　实践性教学不足，不利于培养学生贯通理论与实践

邱东等（2007）基于课程设置、教学队伍、教学内容、教学条件等，对 43 所学校、587 名教师和 1586 名学生展开问卷调查。分析结果显示：统计学课程的必要性和重要性广受师生认同，但在具体课程教学环节，还普遍存在缺乏实践性教学、理论教学与实际应用结合不够、案例教学和个性化教学较为欠缺等问题，需要进一步深化教学改革。

实践教学有利于培养学生的科学素质、动手和创新能力，是贯通理论与实践的重要环节。目前，大多数高校统计学教学中还是以理论讲授为主，在加强实践

性教学的改革中，也多以实验课+毕业实习等方式开展实践性教学，这种方式的实质性收获不大。比如，虽然开设了与理论课配套的实验课程，但实验课主要还是采用传统的教学模式，即教师以计算机演示的方式在课堂上为学生展示，课后学生按照课本上的实验流程进行简单操作，较少有引入现实数据，对实际问题进行分析的实践。毕业实习方式也与职业教育的顶岗实习不同，打杂、辅助性工作较多，难以真正地进入到具体实际工作岗位上顶岗。另外，构建计算机编程实训、统计软件实操、数据库建设等数据分析能力培养环境方面的力度还不够。

周丽和张智顺（2018）提出通过校企合作协同育人创新实践性教学，包括以下四个实施方案：一是与合作企业共同探讨，确定专业课程的教学要求，修改实践性相关课程的教学大纲，包括实验大纲、课程设计、考试大纲，使相关课程教学满足社会实际要求。二是根据教学指导文件，利用合作企业的真实数据与合作企业共同选择数据分析的教材，开发教学资源，编写教案、讲义、案例库、试题库和试卷库，与合作企业共同编写新的软件综合课程设计指导书，综合案例库，录制上课视频，并上传到网络课程中，通过线上线下教学模式，深度融入实际问题教学。三是探索学校教师和企业教师深入合作教学的新模式，将学校教师和企业教师的特色、功能和作用进行深度融合。在课堂教学、实验教学、课程教学等环节全面引入企业教师，将学校教师推荐到企业进行学习，在学生的创新创业项目中引入企业教师进行指导。四是依托合作企业和在线网络平台，将课程体系、培养方式、教学资源等成果进行推广，并在应用中及时总结和更新升级，进一步推进相关课程改革。

1.4.6 教学资源、教学方法较为单一，网络资源利用不足

教学资源和教学方法、教学手段的运用等都较为单一。教学资源以理论课教材为主，指导实践和应用的案例或实验手册较少，数字化教材较为缺乏。大规模开放在线课程（massive open online course，MOOC）、微课、题库、素材库等线上教学资源还未能得到充分、广泛利用。雨课堂等现代化教学手段利用不够。信息化时代，电子设备、移动终端普及，学生信息来源多元化、实时化，而当前大学教学方法仍以知识点传授为主，学生大多处于被动接受知识的教学状态，导致问题意识不强，学习没有动力，容易厌学，教学效果受影响。长期看，不利于培养学生的主动学习能力。

戴婷和张宇（2010）认为“在教学中，不仅要教学生如何处理数据，还要教

学生如何从数据中获得有用的信息，更要教学生各种统计方法中蕴含的统计思想”。祝丹和陈立双（2016）提出“通过案例分析法、针对重要实践问题展开讨论的方式，或围绕业界的相关科研项目展开教学”等途径实施问题导向式教学方式。周丽和张智顺（2018）提出将微课、MOOC 等现代化教学手段引入课堂，采取“理论教学—分组调查—分组讨论”等多种形式开展教学。

1.4.7　考核评价机制作用未充分发挥

在人才培养过程中，薛靖峰和张春梅（2016）认为考核制度主要发挥甄选、分流、淘汰及激励的作用。学习过程中的多次考核能较好地激励学生。当前以闭卷考试为主、小论文或研究报告为辅的考核方式较为单一，对考核学生理论知识的掌握情况可发挥一定的分流、淘汰作用，但是因缺乏过程性考核，考核的激励作用和能力甄别功能没能得到很好的发挥，重评价、轻激励。

面对这些问题，“如何结合学科定位和地方社会经济实际问题，改革、创新统计学人才培养模式，培养适应社会经济发展需求的数据分析人才”是摆在高校统计学人才培养面前的重要研究课题。

目前国内高校关于统计学人才培养的有关研究还不够。以“统计学”为篇名在中国知网数据库检索的研究文献约 14 678 篇，而以“统计学人才培养”为篇名检索相关文献仅 170 篇（数据截止到 2021 年 12 月）。这说明，相比统计学学科的科学研究来说，该学科当前关于人才培养的文献研究显得很薄弱，与其担当的人才培养大任相比很不相称。因此，需要对统计学人才培养理论研究进行深入探讨，总结人才培养经验，走出数字经济时代统计学人才培养的创新之路。

第 2 章

统计学人才培养的研究回顾

统计学是一门研究数据收集、整理、分析的方法论学科，高校统计学专业旨在为社会培养认识数据、处理数据、挖掘数据信息的数据分析人才，是应用性很强的学科，统计学人才培养的研究和实践需要受到广泛关注。

以“统计学人才培养”为篇名对中国知网收录的统计学科人才培养研究文献进行检索，运用文献分析软件，从发文趋势、关键词共现和研究热点等方面，可探究现有研究的一些特点。

2.1　统计学人才培养研究的关注度及发展趋势

一般来说，某领域文献的发表数量可以反映学术界对该领域的关注度。利用中国知网的知识元检索功能，对 1985～2021 年关于统计学人才培养的中文相关学术文献数量进行趋势分析，可发现学术界对该主题的学术关注度总体不算高，但是呈上升趋势（图 2.1）。

从时间趋势看，统计学人才培养研究主题从 2000 年以后才开始受到较多关注。这是源于 1998 年教育部颁布《普通高等学校本科专业目录和专业介绍》，将统计学整合为理学门类下的一个一级学科，从此我国统计学科迅速发展起来。在这一时期，统计学人才培养的学术关注度总体呈上升趋势。用环比增长率测量学术关注度的波动程度，可以发现 2010 年和 2017 年文献的环比增长率均超过 60%。2010 年的文献量规模还很小，整个研究总体处于平缓增长状态，但从 2017 年开始，文献量出现爆发性增长，至 2019 年相关文献数量达到该时期高峰。

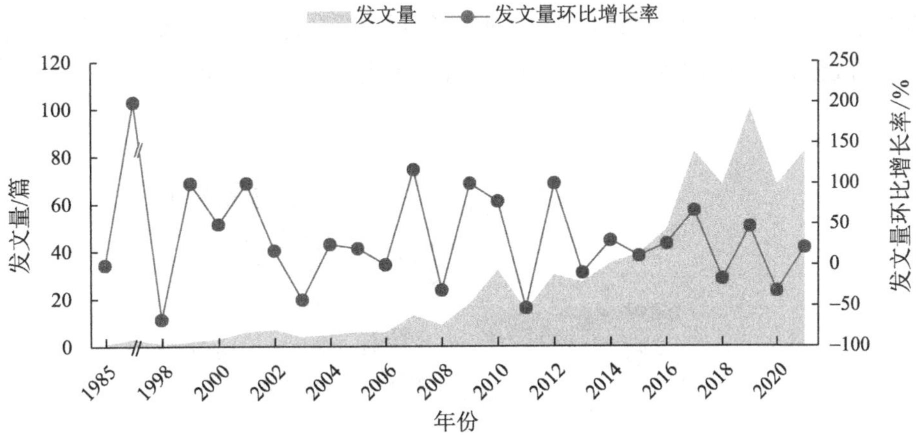

图 2.1　统计学人才培养主题的学术关注度趋势

查阅历史资料可知，这三个阶段恰好对应以下几个特殊时期：第一个时期，2003 年开始西方国家以 Google 引领的大数据技术对社会经济各行业产生了深刻的影响；第二个时期，2015 年《国务院关于印发促进大数据发展行动纲要的通知》（国发〔2015〕50 号）明确提出促进大数据发展；第三个时期，2017 年教育部大幅度地批准高校设置“数据科学与大数据技术”本科专业；第四个时期，2018 年，在教育部部长陈宝生“坚持以本为本，推进四个回归，建设中国特色、世界水平的一流本科教育”讲话思想指引下，全国 150 个高校联合发布《一流本科教育宣言》，进一步推进高校教学改革，推动了学科人才培养研究的发展。从研究主题来看，2016 年之后，围绕大数据的人才培养主题发文量增长较快。这些事实表明统计学人才培养的研究受社会需求发展和有关教育政策的影响比较大。

2.2　研究主题及类型分析

采用文献计量软件 CiteSpace 进行关键词共现分析，以揭示出现频率最高的研究主题。关键词共现图通过节点（圆圈）和标签（关键词）大小刻画关键词的词频，节点和标签较大者表示该关键词词频较高，需要引起重视；节点和标签较小者表示该关键词出现频率较低，是不太重要的研究主题。

从关键词共现图来看，若不考虑“统计学”“人才培养”等无实际指向的关键词，按关键词节点大小排序，“教学改革”“培养模式”关键词节点较大，是当前统计学人才培养的重要研究主题，其次依次为“统计人才”“课程体系”“培养”“大数据”“应用型”“实践教学”“统计教育”“培养方案”“创新人才”“教学模式”“市场需求”“改革”“数据科学”“新工科”“创新能力”“综合评价”“培养质量”“高等教育”“实践创新”“应用统计”“就业率”“就业指导”“培养目标”等，详见图 2.2。

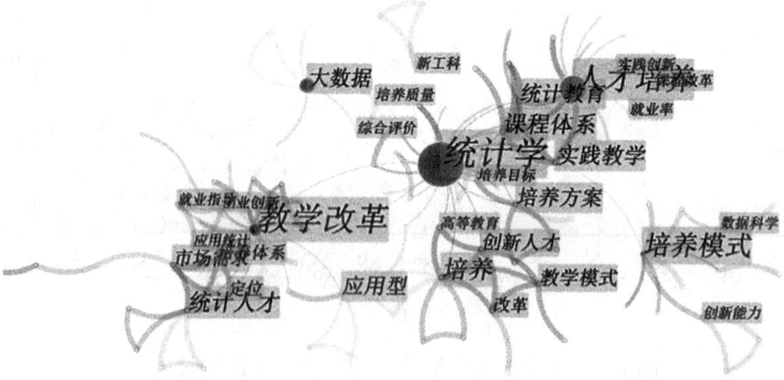

图 2.2　关键词共现图

文献主题共现矩阵则可以反映关键词主题之间的共现次数。如图 2.3 所示，“培

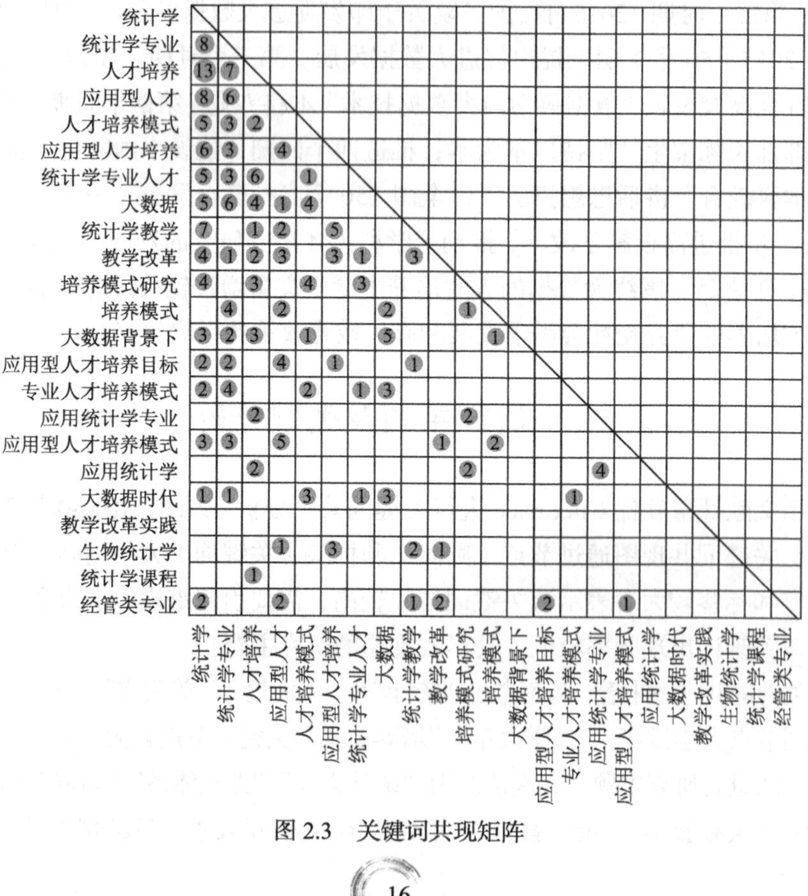

图 2.3　关键词共现矩阵

养模式”主题关键词与其他关键词共现次数最高，达 59 次；“应用型人才”“大数据”主题关键词与其他关键词共现次数其次，其中，“应用型人才”主题关键词与其他关键词共现 51 次，“大数据”主题关键词与其他关键词共现 45 次；“统计学教学”及“教学改革”主题关键词与其他关键词共现 32 次；“生物统计学”与其他关键词共现 7 次；“经管类专业”与其他关键词共现 10 次。

运用潜在语义索引（latent semantic indexing，LSI）算法主题模型，通过关键词聚类，对上述主题进行分类，得到簇规模最大的前 9 类及主要关键词，如表 2.1 所示。

表 2.1　关键词聚类类别及标签

类别	关键词标签
#0	人才培养；实践教学；课程体系；统计教育；学科分类
#1	人才培养模式；绩效评价；四维空间立体式；市场营销；经济统计学转型发展；课程框架；教育改革
#2	教学改革；生物统计学；教学内容；教学方式；就业指导；应用型人才培养；教育理念；学科地位；动物医学专业
#3	培养模式；应用型人才；培养途径；创新能力；校企协同；实践能力
#4	创新人才；高等教育；教学模式；医学统计学
#5	统计人才；大数据时代；海量数据；教学改革；市场需求；培养体系；犯罪地图；海量数据
#6	培养质量；综合评价；评价指标体系；教学模式；项目教学；教学改革
#7	培养方案；统计学专业；改进方向；课程体系；培养目标
#10	新工科；工程管理；工程统计学；课程建设

其中，#0、#1、#2 等分别表示聚类类别，#后的数字越小，表明该类别规模越大，即簇内元素越多（图 2.4）。

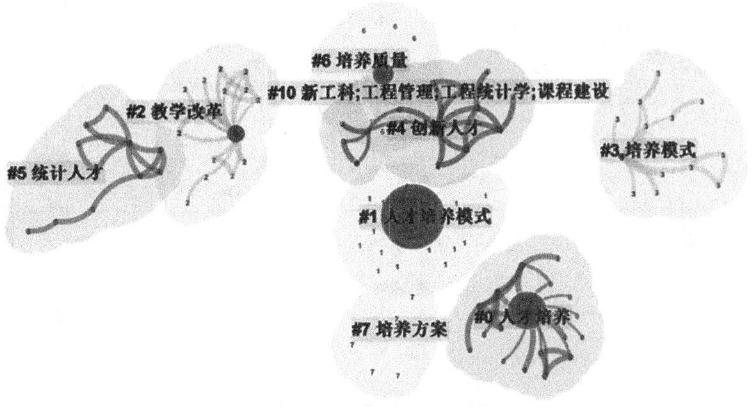

图 2.4　关键词聚类图

根据上述类别的关键词标签，进一步凝练类别，将这九类研究文献合并为四大类，代表了当前统计学人才培养的主要研究类型，具体为：第一类，专业应用型人才培养模式研究，包括教育理念、培养目标、课程体系、培养方案、教学模式等方面的研究，综合了第#1、#2、#4、#7 类；第二类，实践教学模式研究，综合了第#0、#3、#6 类；第三类，大数据背景下的教学改革研究，以#5 类为主；第四类，新工科背景下的课程建设研究，以#10 类为主。

从上述四个类型看，专业应用型人才培养模式研究规模最大，是当前主流的研究类型，其次是实践教学模式研究。大数据和新工科背景下的相关研究因为新近出现，故研究规模较小，但是代表了研究的发展趋势。

2.3 研究热点及变化趋势

2.3.1 研究热点

通过 CiteSpace 绘制的时线图和时区图可观察到各个时期统计学人才培养研究的所有主题。时线图显示各个聚类类别在不同时期的主题分布，可用于反映同一类别或不同类别的研究主题在整个文献研究时期的共现情况，以此观察研究热点随时期变化的改变。图 2.5 反映出与“人才培养”关键词共现的主题在前 9 个较大聚类簇别之间的分布。

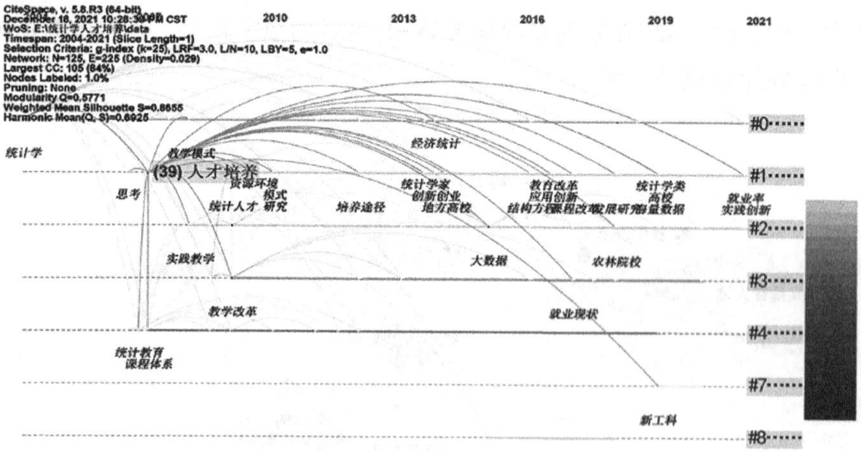

图 2.5 关键词时线图

由图 2.5 可以看出，2007 年左右，统计学人才培养研究热点以教学模式、统计教育、课程体系、教学改革为主，2013 年左右以培养途径、创新创业为研究热点，2015 年开始大数据背景下人才培养成为新热点，2019 年起新工科背景下的人才培养成为新热点，2021 年就业率与实践创新成为新的研究热点。

时序图从另一个角度反映研究热点的变化。图 2.6 从左下到右上表明时间的发展从远到近，用于刻画研究主题随时间推移的发展，左下角代表最早的研究主题，右上角代表最新的研究主题。图中通过拖动节点可以看到所有的研究主题发展情况，以关键词的字号大小反映研究的热度，字体越大的关键词其研究热度越高，因此可以代表研究热点。图 2.6 表明，2015～2021 年的统计学人才培养研究主题是大数据、海量数据、数据挖掘、新工科、实践创新和就业率，其中，大数据的字体最大，为近期研究热点。

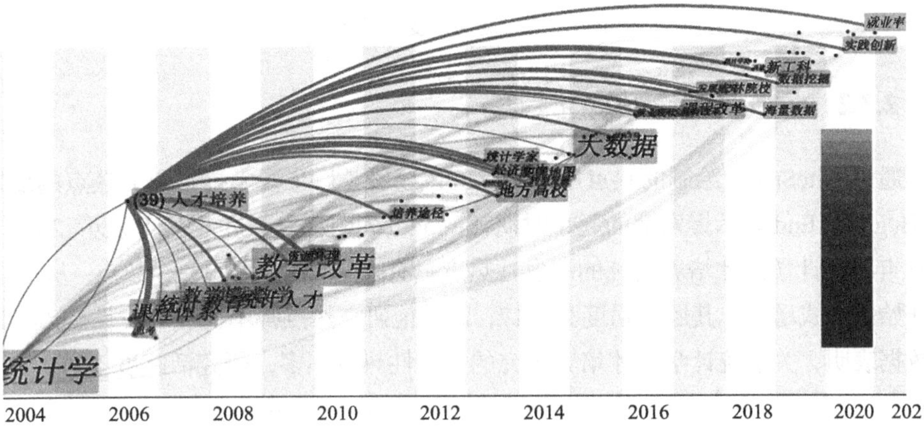

图 2.6　2004～2021 年关键词时序图

通过中国知网的年度交叉分析表观察相关文献主题也可以看出，统计学专业、大数据、统计学、应用型人才培养、人才培养、生物统计学等成为近五年统计学人才培养研究中的高频词，为近期研究热点（图 2.7）。图 2.7 表明，尽管各个时期研究的主题较多且在发生变化，但是可作为热点看待的关键词较少。

在不同视角的分析中，“统计学”“大数据”关键词是统计学人才培养的共同热点。

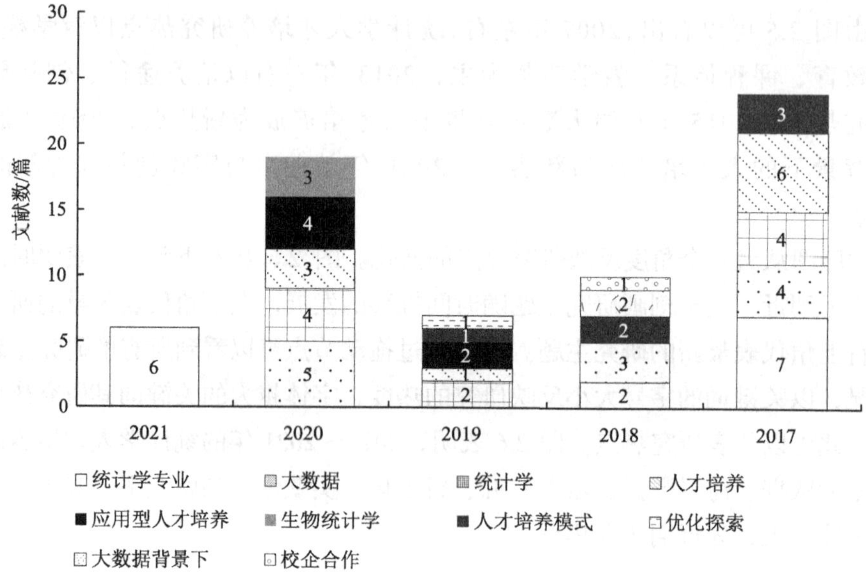

图 2.7　关键词年度交叉图

2.3.2　爆发性热点及变化趋势

通过 CiteSpace 绘制的热点爆发图以红色线段（后半段）指示研究热点的爆发期。Begin 和 End 表示爆发期的起止时期，Strength 表明爆发强度。图 2.8 显示，2004～2021 年，统计学人才培养研究的爆发性热点只有“大数据”主题一个热点。从 2017 年开始爆发式增长，其爆发强度为 4.17，而其他研究热点都不构成爆发性热点。这些数据表明，关于统计学人才培养研究的爆发性热点不多，研究活跃度不够。

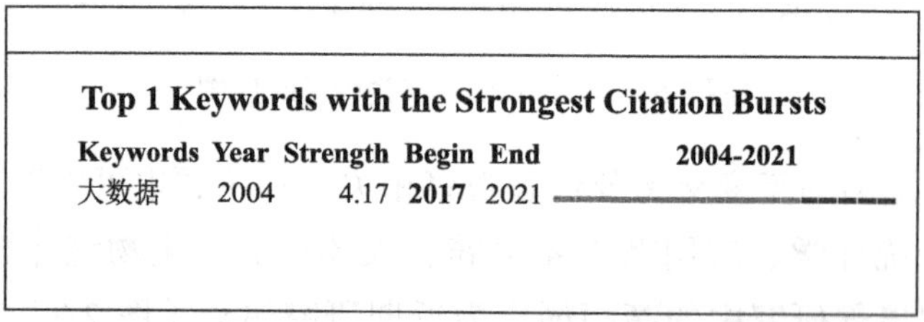

图 2.8　研究热点爆发图

2.4　研究机构分布

按文献检索量顺序排名，图 2.9 显示了发文量排名前 9 位的高校。研究机构以吉林财经大学、中国人民大学、广西财经学院、石河子大学、江西财经大学、安徽财经大学等为主。从图 2.9 中可以看出，财经类院校是当前统计学人才培养研究的主要机构。

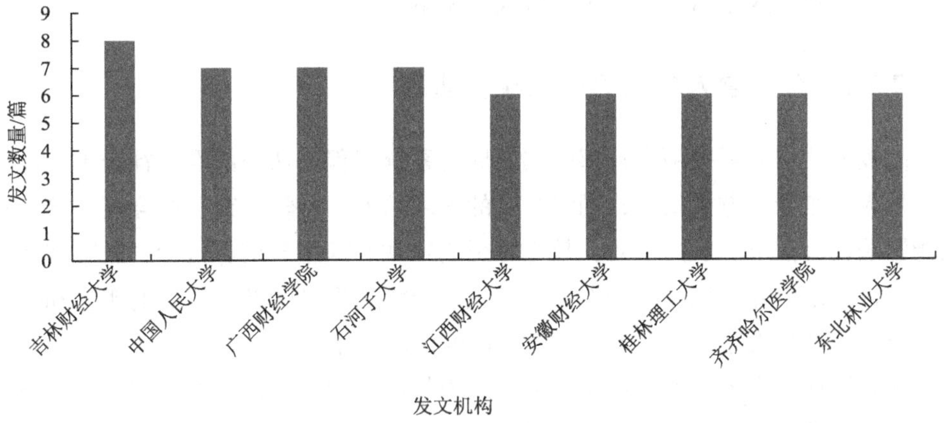

图 2.9　发文量较多的研究机构

2.5　现有研究述评

现有研究多集中于探究人才培养模式，尤其较多关注应用统计人才和大数据人才培养模式，着眼于实践性教学和课程设置等问题。其中，由于研究机构较多为财经类院校，故国内对经济统计专业的人才培养问题讨论相对较多，但随着时代的发展，现有关注点较为集中于大数据人才培养研究，反映了时代发展对人才培养的驱动。

总体来看，关于统计学人才培养的研究随着时代的发展不断受到重视，研究成果持续增多，促使统计学人才培养发展较快。但从当前文献研究看，尚有一些问题需要进一步深入探索。

2.5.1　数字经济时代统计学人才培养的教育理论和思想研究

现有研究比较侧重于统计学人才培养模式的对策性研究，对数字经济时代统计学人才培养教育思想和理念的探讨不足。对统计学人才培养目标、教材、课程体系、教学模式和实践教学（实习基地、校企协同）等方面的具体对策研究较多，而对支撑统计学人才培养模式的教育思想、教育理念探讨较少，对如何在教学中融入“立德树人”“三全育人”，开展课程思政教育，培养统计学创新人才的研究还不够。不同程度存在“就模式论模式”“重教学轻教育”的倾向。教学主要针对知识的传授和能力的培养，而教育则是立足于人的全面培养。缺少教育理论和思想指导，统计学人才培养模式研究将成为无本之木。

2.5.2 统计学人才培养的系统性研究

高校人才培养是一项内外部协同发展的系统工程。从外部看，社会重大需求是高校人才培养的方向指引，同时高校的人才培养、科学研究、社会服务等活动也能影响社会需求。从内部看，教育思想决定教育理念与培养目标，教育理念与培养目标决定培养方案，培养方案决定教学资源的提供和教学方法的实施和创新等。研究统计学人才培养，不能不考虑内外协同关系。

现有统计学人才培养研究比较缺乏从内外协同的系统化角度看问题。从外部关系看，多着眼于人才培养对社会需求的适应性，较为忽略培养引领性人才对社会需求的能动作用，故多呈现为补救型对策性研究，常常滞后于社会发展需求。从内部关系看，较少从教育思想、理念、目标、教学方案的一致性关系去开展研究，缺乏从人才培养的教育本质和根源去探究问题，因此研究深度不够。

第 3 章

创新统计学人才培养研究思路

3.1 创新统计学人才培养理念

以习近平新时代中国特色社会主义思想为指导，结合社会经济发展需求和学科发展特点，从立德树人、社会需求导向、夯实学科专业基础、拓宽知识领域、增强应用能力等方面创新统计学人才培养教育理念。

3.2 构建统计学人才培养研究框架

依据人才培养与社会需求的关系，建立高校统计学人才培养与社会需求的生态关系系统，以统计学人才培养教育思想为起点，沿着思想—理念—定位—目标—方案—实施的逻辑关系，构建统计学人才培养研究框架，为创新统计学人才培养开展系统研究。研究思路总体围绕两个系统展开。

3.2.1 高校与社会的生态系统

高校与社会的生态系统揭示了高校人才培养与社会环境之间存在相互影响、相互作用的关联关系。我们发现高校的人才培养与社会环境之间存在类似的生态系统，这个系统包含了三对相互作用关系（图 3.1）。

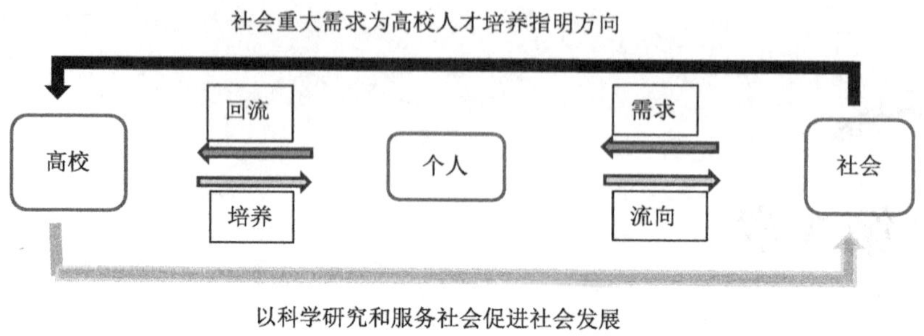

图 3.1　高校与社会的生态系统

第一对关系是高校与培养的人才之间的相互作用关系：高校通过特定的培养模式培养专业人才；培养结果通过两种方式回馈高校，一种是人才流回高校充实师资队伍，另一种是通过人才的社会评价反馈高校，以优化未来的人才培养。

第二对关系是培养的人才与社会需求之间的相互作用关系：社会运行对高校专业人才有持续需求；同时，高校培养的人才最终都要进入社会，为社会服务。

第三对关系是高校与社会需求的相互作用关系：社会运行的重大需求是高校人才培养的方向指引；而高校的科学研究和知识增进可以创造新的社会需求，引领性人才也能引领社会需求。

这三对相互作用关系构成了高校人才培养的社会生态系统。我们的专业人才培养必须立足于这些相互关系进行设计和规划，凝练人才培养的教育思想和教育理念，进而形成相应的培养模式，这样才能跟进时代发展，与社会形成良性互动。

3.2.2　高校人才培养的内部逻辑系统

图 3.2 表明了这样一条逻辑链条：教育思想是起点，它影响教育理念的形成，教育理念是比教育思想更具体化的思想观念，它是学科定位的思想指导。学科定位由教育理念和社会需求（外部因素）共同决定。学科定位又决定了特定学科的人才培养目标，由人才培养目标指引制订具体人才培养方案。人才培养目标、培养方案和教学过程构成人才培养模式。因此，人才培养研究的起点一定首先是教育思想和由之决定的教育理念，而落地点则是教学成果。

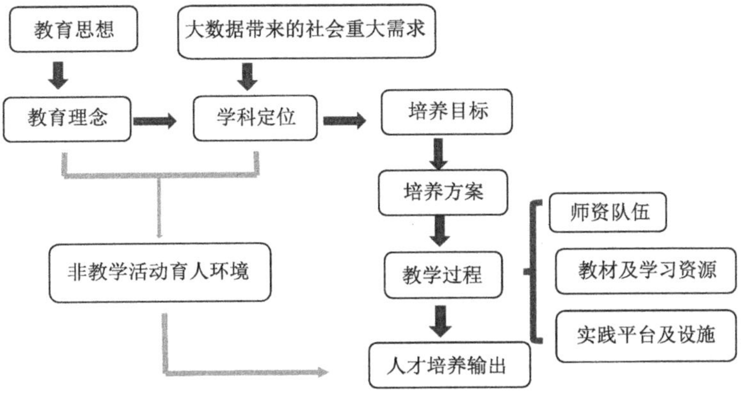

图 3.2　高校人才培养的内部逻辑关系

3.3　确定统计学人才培养的研究内容

根据高等教育人才培养基本教育思想、理念和目标，遵循人才培养内外部研究框架，具体应从以下几方面开展研究：第一，探讨统计学人才培养的教育理论，据此形成统计学人才培养理念；第二，结合数字经济时代社会经济发展的实际需求，在统计学人才培养教育思想和理念指导下，确定统计学专业人才培养新目标；第三，探索课程思政教学的具体实施方法，深入理解课程思政的概念和产生背景，探索将其融入统计学专业课堂教学的方式方法；第四，改革统计学专业教学方式方法，包括优化课程体系、丰富教学资源、改革教学方法、创新课堂教学等。

第二篇

教 育 理 论

教育理论是教育实践的指导，是数字经济时代统计学人才培养模式实践与创新的灵魂。

第4章

高等教育关于人才培养的基本理论

教育部印发的《关于深化教学改革，培养适应21世纪需要的高质量人才的意见》指出："人才培养模式是学校为学生构建的知识、能力、素质结构，以及实现这种结构的方式，它从根本上规定了人才特征并集中地体现了教育思想和教育观念。"因此，研究统计学人才培养的起点必是探讨其教育思想和理念。

4.1 高等教育的基本功能

高等教育具有人才培养、科学研究与社会服务三大功能，归结为社会功能和个体功能，在图3.1所示的高校与社会关系中可窥一斑。

大学自中世纪建立和发展以来，经历了早期"远离社会大众而对整个现实社会直接影响不大"的状态、中期"大学应当同时进行科学研究和教学两项工作"的办学思想时代（19世纪初以德国柏林大学为典型代表），以及现代"大学应当成为服务于全体人民的机构"的大学服务社会时代（20世纪初以美国威斯康星大学为典型代表），人才培养、科学研究与社会服务已成为全世界大学公认的三大重要职能。

高等教育通过履行人才培养、科学研究与社会服务职能，担负了促进社会发展和促进个人发展的责任，表现为高等教育的社会功能和个体功能。社会功能指高等教育为社会经济发展提供人力资源、传播科学技术和政治文化思想、促进社会经济发展的功能；个体功能指高等教育通过培养人才，帮助其实现个体生存、成长及职业升迁等人生目标的功能。个人发展与社会发展的交织影响，令高等教育的社会功能和个体功能融为一体，故而高校在人才培养实施上应统合社会功能和个体功能。立德树人、以学生发展为中心的教育理念，就是对高等教育融社会功能和个体功能为一体的具体解释。

4.2 数字经济时代人才培养的基本问题

大学为谁培养人才？培养什么样的人才？怎样培养人才？这是高等教育关于人才培养的三个基本问题。习近平总书记在 2019 年 3 月 18 日主持召开的学校思想政治理论课教师座谈会上发表的重要讲话中指出，教育要为社会培养“担当民族复兴大任的时代新人，培养德智体美劳全面发展的社会主义建设者和接班人”①，明确诠释了第一、第二个基本问题。

关于第三个问题，数字经济时代如何培养统计学人才，则需要把握以下三个方面。

第一，以立德树人固本。大学应培养具有高尚品德的人才。如果只重视专业教育，忽视人的全面发展，将培养出大量的高智商利己主义者，培养出高智商身体羸弱者、精神空虚者、贪图享乐者等等，都无法担当民族复兴大任。

第二，以学生发展为中心。大学的人才培养应以“促进学生发展，成就学生”为第一己任。教师应把精力放在教书育人上，实施“三全育人”，持续、深入进行教学改革，建设更多高质量课程，关注课堂教学，打造更多“金课”，淘汰“水课”。

第三，结合专业开展有特色的人才培养。在习近平新时代中国特色社会主义思想关于教育的新成果——“坚持扎根中国大地办教育”的指引下，根据国情、省情等地方特色和社会需求，探索创新实践，构建有特色的专业人才培养模式。

4.3 高等教育的特点

4.3.1 高等教育大众化、普及化趋势

高等教育的大众化是指高等教育从精英教育走向大众教育的过程。美国著名的教育社会学家、加州大学伯克利分校公共政策研究生院教授马丁·特罗（Martin

① 中华人民共和国中央人民政府. 习近平主持召开学校思想政治理论课教师座谈会[EB/OL]. (2019-03-18) [2022-01-06]. http://www.gov.cn/xinwen/2019-03/18/content_5374831.htm.

Trow）提出高等教育大众化理论，以高等教育毛入学率为指标，将高等教育的发展阶段分为精英教育、大众化和普及化三个阶段。他认为，18～22 岁人群的高等教育毛入学率小于 15%时，属于精英教育阶段；当高等教育毛入学率为 15%～50%时，高等教育进入大众化阶段；当高等教育毛入学率大于 50%时，高等教育进入普及化阶段。高等教育的这一发展演变过程取决于社会经济的发展需求和高等教育自身的发展规律。社会经济迅速发展需要高素质的生产、管理、服务人才，需要更多接受过高等教育、掌握高新科技的创新人才来推动社会进步。伴随生活水平的不断提升，民众的受教育需求必然会增长。同时，高等教育自身的逻辑发展规律也决定了它的大众化发展趋势。

20 世纪 60 年代以来，随着经济与社会的可持续发展，全球范围高等教育发展均不同程度地出现大众化、普及化趋势，其中美国大学比欧洲大学在大众化、普及化方面还走在前面。从国内情况看，中国现在已消除绝对贫困，已全面建成小康社会，根据教育部 2021 年 8 月 27 日发布的《2020 年全国教育事业发展统计公报》的主要内容，2020 年全国高等教育毛入学率达 54.4%[①]，表明中国高等教育已进入普及化阶段，当前我国高等教育正从高等教育大国向高等教育强国迈进。这是我们党遵从教育发展客观规律，将"以人民为中心的发展思想"植根高等教育领域的重要体现。

4.3.2　高校人才培养多层次化、多规格化

高等教育大众化、普及化后，面向多元化社会需求，大学纷纷扩招、职业性教育越来越受到重视，高校人才培养逐步出现多层次化、多规格化，而评价标准也趋于多元化。

人才培养层次化表现为高等教育的专业人才培养层次分为专科、本科、硕士研究生、博士研究生等多个层次。各层次人才的培养侧重点不同：专科层次教育侧重于培养具有一定专业基础、专业技术和技能的适用型人才；本科层次培养以专业化通识教育为主；硕士研究生层次培养一定的研究和应用能力；博士研究生层次培养独立科研能力。

结合数字经济时代教育思想以人民为本、中国特色的价值取向，以及因材施教的客观教学规律，在同一培养层次内，高等院校既培养应用型人才也培养研究

① 中华人民共和国教育部. 2020 年全国教育事业发展统计公报[EB/OL]. (2021-08-27) [2022-01-06]. http://www.moe.gov.cn/jyb_sjzl/sjzl_fztjgb/202108/t20210827_555004.html.

型人才的培养模式，是我国高等教育面向客观社会需求的多规格化特点。因此，不能用普适性人才培养评价标准去衡量教育的成效，而应以适应社会的多元化需求作为评价尺度。首先，学生的学习效果是衡量教育直接效果的重要内容；其次，学生毕业后对其职业的适应性和满意度，以及用人单位对学生的满意度都是衡量教育最终成效的标尺。在社会需求导向下，高校的人才培养评价应将如何提高学生对社会的适应性纳入考核指标。

4.3.3 教师是大学的灵魂

自古以来，教师是教育活动的主导者，教师通过创造性劳动完成知识的发现、传播，技术的发明和传授，以及思想的启迪等活动，是实现高等教育社会功能和个体功能的重要主体。1931 年梅贻琦在其任清华大学校长的就职演说中说：“所谓大学者，非谓有大楼之谓也，有大师之谓也。”2016 年，习近平总书记在全国高校思想政治工作会议上指出：“教师是人类灵魂的工程师，承担着神圣使命。”①

大学的灵魂是教师。教师的思想道德水平、教育教学能力以及专业素养等对大学人才培养的成败至关重要。统计学人才培养的教师队伍的基本要求是“政治素质过硬、业务能力精湛、育人水平高超”。具体来说，与培养人才的层级化、多规格化相适应，大学教师队伍也应具有梯队性。其中，在学术和教学方面走在国际国内前沿、具有引领性作用的大师是教师团队中的领军人物，能带领和促进教师团队不断增进新知识、开阔眼界、提升教育技能和水平。

① 中华人民共和国教育部. 习近平在全国高校思想政治工作会议上强调把思想政治工作贯穿教育教学全过程，开创我国高等教育事业发展新局面[EB/OL]. (2016-12-08) [2022-01-06]. http://www.moe.gov.cn/jyb_xwfb/s6052/moe_838/201612/t20161208_291306.html.

第5章

数字经济时代统计学人才培养的基本理念

在高等教育基本理论和习近平新时代中国特色社会主义思想引领下，统计学人才培养在回答高等教育的三个基本问题“为谁培养人、培养什么样的人、如何培养人”时，有了更新的思想指导和更明确的目标导向。

5.1　统计学人才培养基本理念的凝练

以立德树人为根本，以学生发展为中心，以扎根中国大地办教育为人才培养的中国特色导向，根据统计学学科特点、学科定位和数字经济时代对统计学人才的实际需求，凝练数字经济时代统计学人才培养的基本理念，具体为：立德树人铸魂、以生为本育人、社会需求导向、数据思维赋能。

5.2　统计学人才培养基本理念的解读

“立德树人铸魂、以生为本育人、社会需求导向、数据思维赋能”教育理念主要包含以下几个具体要点。

5.2.1　立德树人

立德树人指坚持德育优先，进行正确世界观、人生观、价值观教育，培养爱国、奉献、坚忍、正直的优良品德，以高尚品德塑造学生。

5.2.2 以生为本

以生为本指以学生发展为教育的根本，对学生进行全面发展教育。教学方式也由“以教师为中心”转变为“以学生为中心”，教师作为导引者，借助学生的本能力量，形成教育新动力。

5.2.3 社会需求

社会需求是高校人才培养的导向。数字经济时代，数据成为重要生产要素，产业数字化、数字产业化社会需要更多具备数据思维，懂数据、会分析，能切实解决实际问题的统计学人才。

5.2.4 数据思维

数据思维指将研究对象数据化的意识和能力。培养数据思维需要具备扎实的数理基础，牢固掌握统计学专业知识，具备计算机操作能力、软件编程能力，有较强的数据分析能力；同时，融合多个领域知识，如经济、管理、生物、医学等，为应用统计方法提供领域知识背景。

5.3 统计学人才培养基本理念的落实

5.3.1 制定具体化培养目标

数字经济时代，大数据对各行业的影响迅速而深远，各行业对数据分析人才的需求量大而迫切，尤其数字经济、人工智能、区块链等社会重大需求迫切需要更多能解决实际问题的数据科学与大数据技术人才。要求统计学人才培养必须面向地方社会经济需求，结合所在学校的定位和发展目标，明确学科定位，将专业方向与社会需求相结合，制定具体的人才培养目标。比如，应用统计学专业人才的培养目标为：培养懂数据、会分析、能落地的交叉复合型创新人才。

5.3.2 设置模块化课程体系

要实现懂数据、会分析、能落地的交叉复合型创新人才培养，应设计跨学科领域的课程体系，既结合数学、统计学、计算机科学等学科知识，又可涉及各相关应用领域。培养方案中设计的课程体系兼容层次化、模块化，各模块之间需要协调配比突显培养目标。

具体应根据不同培养层次、不同培养方向，设置人才培养方案，构建个性化、特色化课程体系。课程体系可分设学科基础课、专业核心课、专业选修课、实验实训课、素质培养课、个性化培养等模块，通过课程体系实现多层次、多规格培养目标。应根据具体培养目标协调基础课与专业课、理论课与实践课、本学科课程与跨学科课程的规模配比，以培养目标的达成度作为衡量课程体系是否优化的重要标准。

5.3.3　培养高成长性师资队伍

教师在教学活动中居主导地位，因而培养复合型创新型人才的师资队伍应该具备高成长性。

高成长性意指一段时期内发展速度快，发展潜力大。师资队伍的成长性由教师自身素质、教学团队的结构模式、团队的学习机制等共同构成。信息化时代，知识和技术发展迅猛，唯有高成长性的师资队伍才能跟上时代的发展步伐。一般地，高成长性师资队伍具有如下特征：①教师的职业素养高，表现为受教育层次高、专业能力强、思想品行好。②团队结构为金字塔结构和网络结构并存。专业能力金字塔塔顶是前沿引领大师，塔身为少数后备精英人才，塔底为多数从事普通教学科研的教师群体，以满足培养不同层次人才的需求。网络结构是平行结构，是指具有不同领域知识的教师在团队中并存，为学科交叉融合培养提供优秀师资。③建有长效学习机制。长效学习机制是指团队以制度化的方式对教师个体提出学习要求，制订学习方案，并提供学习条件。

5.3.4　开展多样化教学方法改革

现代大学教学改革倡导教学方法多样化。随着信息技术的发展，学生的知识来源多样化、便捷化，传统的知识传授教学方法越来越不适应教学发展。许多教学理论认为仅依靠输入式教学方法不利于培养学生学习的主动性，应采用问题引导式教学方法培养学生主动学习。实践中开发出多种依托微课、MOOC 等在线教学资源的自主学习模式，如线上线下学习、小组学习、翻转课堂、案例教学等，探究提升学生学习效果的多样化教学方法的有效实施途径。

5.3.5 建设多元化教学资源

教学资源包括专业教材、辅助资源、实践平台等。多元化教学资源包括形式多样、内容丰富的教材以及学习平台和学习资源，如层次化教材体系，以及数字化辅助资源、多元化实践平台。

（1）层次化教材体系包括较高难度、中等难度和通识性专业教材，以及面向研究型和面向应用型的专业教材等，构建由“理论课教材+实验课手册+软件编程指导+教学案例”组成的教材体系。

（2）数字化辅助资源指在线教学资源和网络学习资源，包括虚拟课堂、微课、MOOC、课件、习题库、案例库、实战项目等立体化学习资源。

（3）多元化实践平台是实践教学从校内到校外的延伸，是连接高校和社会的重要纽带，包括校内实践平台（如专业实验室）和校外实践平台（如实习基地、校企合作协同育人平台），以及网络实践平台等，提供模拟场景和真实场景的实践性教学。

第三篇

统计学专业人才培养模式探索

如前所述，数字经济时代，社会对统计学专业人才培养的新要求是，侧重加强计算机编程技能、数据库处理能力以及领域性知识训练，培养其数据思维，提高其运用所学统计知识解决实际问题尤其是解决大数据应用场景问题的能力。而对于以培养数据分析师为主的数据科学与大数据技术专业人才培养，则侧重于培养学生的统计学素养，使其掌握更多的数据分析技术，提升其数据分析能力。最终，都以培养“懂数据、会分析、能落地”为人才培养的具体目标。

第6章

统计学专业的数据导向培养模式

6.1 制订统计学人才培养方案的基本原则

坚持立德树人，以生为本，全面育人，构建知识、能力、素质、人格四位一体的育人体系。结合“数字中国”建设战略布局，构建数学、统计学、领域性知识的多模块化课程体系；强调“数据思维”培养和计算机编程技能训练；在夯实统计学理论知识的基础上，构建学生跨学科、跨专业的知识、技能框架，进一步加深实践教学与数字经济、人工智能的发展需求融合，融入和深化课程思政，充分发挥课程育人主战场作用，全面提升学生的数据分析与应用技能和综合素养。

6.2 设置课程体系的基本原则

6.2.1 以课程质量国家标准为基础

为保证各校统计学人才培养的基本质量，教育部高等学校统计学类专业教学指导委员会于2014年10月制定《统计学类专业本科教学质量国家标准》，作为全国统计学类本科专业教学质量的基本标准，供各校根据自己的实际情况，在此基础上制订和细化人才培养方案。《统计学类专业本科教学质量国家标准》从人才培养目标、培养规格、师资队伍、教学条件和质量保障体系等方面基本规范了全国统计学类本科专业教学体系，其中，对应用统计学专业的课程体系以及主要内容基本规定如下。

1. 公共基础课

公共基础课包括外语、体育、计算机基础以及政治与思想品德课等课程。

2. 学科基础课

学科基础课包括数学类基础课和特定应用领域相关学科的基础课。数学类基础课有数学分析、高等代数、概率论等课程。特定应用领域相关学科根据不同的应用方向开设相应课程，例如，开设商务统计应用方向的，可在宏观经济学、微观经济学、会计学、管理学、金融学、市场营销学等课程中选开 2～3 门。

3. 专业必修课

专业必修课主要包括下列课程：统计学概论、概率论、数理统计、应用回归分析、应用多元统计分析、应用时间序列分析、抽样调查、统计计算与应用软件、试验设计、随机过程等。

4. 专业选修课

专业选修课可分为方法与应用两大类。方法类选修课主要有非参数统计、贝叶斯统计、运筹学、探索性数据分析、数据挖掘等。应用类选修课根据不同的应用方向开设相应课程。例如，商务统计应用方向可开设商务统计学、企业经营统计学、计量经济学等。

5. 其他选修课

其他选修课指扩展学生的视野、提高学生的基本素质自由选修的通识类课程。

6. 实践性教学环节

实践性教学环节指随课堂教学同步进行的计算机模拟实验和统计方法实验、各类科研训练项目、各类科技竞赛、实习、毕业设计（论文）等。作为应用型专业，培养方案体现了统计学专业对实践性教学环节的重视。

6.2.2 基于《统计学类专业本科教学质量国家标准》进行适应社会需求的改进

由于《统计学类专业本科教学质量国家标准》的设置是在 2014 年，根据数字经济社会发展提出的新要求，可以在《统计学类专业本科教学质量国家标准》的基础上进行如下改进。

1. 增加领域性知识课程

领域性知识课程是指与统计学应用有关的学科领域基础课程，可以根据实际情况或地方特色要求学生选一些跨学科或者交叉学科的选修课程，如经济学、生物医学、计算机科学、民族学、管理学、教育学等。学生通过跨专业选课构建统计应用的背景知识，扩宽课程体系范畴。

2. 加强统计学基本方法应用

通过实验或实训，加强学生编程能力的培养。应用性课程使学生能够熟练应用统计学方法解决实际问题。新形势下的应用统计专业人才培养应当注重学生的市场调查和数据分析等统计实践能力，因此，可以开设与学科竞赛平台配套的实训课程。增设大数据处理技术方面的实习实践课程。此外，鼓励学生通过积极参加统计学专业相关的讲座了解最前沿的统计方法和大数据分析技术。

6.3　打造具有多元化知识背景的优秀师资力量

以立德树人为思想要求，以数据思维为专业要求，打造优秀师资力量。一方面，可引进优秀的统计学专业人才；另一方面，通过教研室活动等，建立教师长效学习机制，鼓励教师参加国内外学术交流，邀请国内外专家来校指导，挖掘教师的教学与科研潜力，提高教师的专业理论知识和实践创新能力。以此建设思想政治素质过硬、学科知识多元化、具有长效学习机制、富于创新、团结协作的高素质统计学专业教师团队。

6.4　通过实践培养应用创新能力

实践是培养学生应用能力的沃土，是激发学生创新思维的源泉和根本动力。

6.4.1　课程实验实践

在实践教学体系建设中，将理论教学与实践相结合，增强实验实践教学，将统计算法、数据分析与建模等方面的实践技能培养贯穿于整个教学体系建设全过程，让学生在通过实验实践课程学习和掌握统计学理论原理的同时，熟悉各类编程语言、数据挖掘和数据分析技术并能综合应用于各种场景，提升学生知识融合的熟练程度和实践创新能力（王成勇等，2019）。

6.4.2 课外科研活动

鼓励和组织学生参加各类课外科研活动、参加各类学科竞赛、申报大学生创新创业项目，如全国大学生数学建模大赛、全国大学生统计建模大赛、全国大学生数据挖掘竞赛、全国大学生市场调查与分析大赛、中国国际“互联网+”大学生创新创业大赛等。参加学科竞赛，在检验学生对理论知识的掌握程度和实际应用能力的同时，可以培养学生的自主学习能力、独立思考和创新能力。实践表明，以大赛促进实践教学，能使学生在真正意义上提高实践能力（欧利松，2018）。

6.4.3 校外实习实训

加强与业界有影响力、综合业务能力强的企事业单位的合作。择优选取企业作为校外实习实训基地，通过在企业学习处理实际项目，让学生体会和感受应用理论知识分析和处理实际问题的过程，从而培养和提高学生解决实际问题的能力。同时，可以邀请企业和政府部门中具有丰富的大数据分析经验的专家作为应用统计专业的校外合作指导导师。

6.5 设计多元化考核方式

现有的考核方式主要注重考核学生对理论知识的掌握程度，对应用能力的考核不足。需要优化考核制度，注重过程性考核，加强对学生实践能力的考核。比如，采取非标准化考核和期末考核成绩相结合的考核办法，可以包括平时作业和报告、统计软件的实际操作、参与社会实习实践的表现、基础理论的笔试、课堂表现、小组研讨、辩论、雨课堂活跃程度、MOOC 学习成绩等，并将参加各类学科竞赛和创新创业大赛等融入课程考查，采取多形式和多维度相结合的考核成绩作为最终考试成绩。同时，还需要注重严格要求学术论文写作规范和格式，严惩学术不端行为，将学术论文写作方面的要求与最终考核成绩挂钩。

第7章

数据科学与大数据技术专业的分析导向培养模式

7.1　数据科学与大数据技术专业概述

7.1.1　大数据与新工科背景

为实现大数据与实体经济的深度融合以及可持续发展，国家“十三五”规划提出“实施国家大数据战略”，迫切需要教育界积极发展大数据相关理论、方法研究及人才培养。为此，数据科学与大数据技术这一具有数学、统计学、计算机科学等交叉特点的新型专业应运而生，并被列入教育部“新工科”建设专业，成为各高等院校新增设、重点建设的新专业。

2016 年，北京大学、对外经济贸易大学和中南大学获批新增“数据科学与大数据技术”本科专业，随后 2017 年，教育部批准了复旦大学等 32 所高校增设此专业，2018 年又有 248 所高等院校获批新增此专业，2019 年、2020 年又分别有 196 所、143 所高等院校获批新增此专业。

2017 年 2 月 20 日和 6 月 16 日，教育部先后发布《关于开展新工科研究与实践的通知》和《关于推荐新工科研究与实践项目的通知》。2018 年 3 月 29 日和 4 月 10 日先后发布的《教育部办公厅关于公布首批“新工科”研究与实践项目的通知》（教高厅函〔2018〕17 号）、《教育部关于印发〈高等学校人工智能创新行动计划〉的通知》（教技〔2018〕3 号），拉开了“新工科”建设的帷幕。

“新工科”专业主要是指针对新兴产业的专业，以互联网和工业智能为核心，包括大数据、云计算、人工智能、区块链、虚拟现实、智能科学与技术等相关工科专业。“新工科”的“新”字表现为其具有学科交叉、科教融合、校企合作、协同育人的教育理念，在科技飞速发展的时代，新兴技术往往诞生于跨界交叉融合领域，这要求高校培养出的人才不单有扎实的基础能力，更需要有跨学科思维、创新意识等，具备国际竞争力，以应对新技术飞速发展的挑战。

增设的数据科学与大数据技术专业被列为新工科，具有多学科交叉融合（计算机科学、统计学、数学、信息科学等学科交叉融合）、社会需求广泛等特点。

7.1.2 数据科学与大数据技术人才的基本类型

数据科学与大数据技术人才泛指从事数据收集、存储、传输、治理、分析、应用的科学技术人员。根据岗位职责、工作内容及个人知识结构差异等，可将数据科学与大数据技术人才分为数据工程师、数据分析师、数据执行官、数据科学家。

数据工程师是指从事数据获取、数据管理的科学技术人员。通常要求具备集群运维、数据开发和数据系统开发能力，以及分布式计算与数据库技能。

数据分析师是指从事数据收集、整理、分析，并用统计分析等方法对数据进行研究、对行业做出评估和预测的科学技术人员。通常要求具备统计学、数学及相关领域的素养，具备数据分析研究技能。

数据执行官是指负责公司的数据分析运营，能将数据转化为业务价值，进行数据交易，据此作出决策，并推动与数据相关的业务变革的数据科学与大数据技术人才。通常要求具备数据治理、数据变现、数据交易、维护数据安全的能力。

数据科学家是指具有把握数据蕴含规律的能力，能引领数据科学发展的人士。通常要求具备高瞻远瞩、深邃洞察的能力。

设置在统计学院系下的数据科学与大数据技术专业主要培养数据分析师。

7.2 制订数据科学与大数据技术专业人才培养方案的基本原则

按照新工科专业人才培养质量管理相关要求（林健，2020），结合大数据行业发展、学校定位和数字经济社会发展需求等实际，培养具有扎实数学、计算机科学基础，掌握统计学核心专业知识，具备数据分析能力和跨学科、跨专业知识的人才，加深实践教学与数字经济、人工智能的发展需求融合，深化课程思政教学改革，全面提升学生的数据分析、应用技能和综合素养。

7.3　设置课程体系

7.3.1　课程设置的基本原则

由于数据科学与大数据技术专业为近年来新增专业，尚未出台该专业的课程质量国家标准，我们根据学科导向与社会需求导向相结合的原则，构建数学、统计学、计算机科学、领域性知识的多模块化课程体系，强调“科学思维、数据思维、计算思维”三维训练，在夯实数学、计算机、统计学的基础上构建学生跨学科、跨专业的知识、技能框架。

7.3.2　模块化课程体系基本框架

参考应用统计学专业课程质量国家标准的课程框架，根据数据科学与大数据技术人才的特点和人才培养的基本原则，制订模块化课程设置方案，包括以下模块（参见附录二）。

1. 公共基础课

公共基础课包括外语、体育、计算机基础以及政治与思想品德等课程。

2. 导论性课程

导论性课程介绍数据科学学科概貌及框架，帮助学生了解数据科学的历史和发展。

3. 基础理论模块

基础理论模块主要是学科基础课。整合数学、统计学和计算机科学学科基础课程作为底层模块，筑牢数据科学学科底层基础，如数据科学计算机基础、数据科学概率基础、数据科学统计基础等。

4. 数据科学核心理论和方法

数据科学核心理论和方法包括专业核心课和专业选修课。例如，专业核心课程如数据库原理与技术、数据结构与算法设计等，专业选修课程如大数据采集与融合技术、数据预处理等，这些课程讲授数据处理、数据计算和数据分析的主要方法，是课程体系的中层支柱。

5. 领域性知识课程

领域性知识课程指设置部分与数据科学应用有关的学科领域基础课程，或实施跨学科选修课，构建应用的背景知识，扩宽课程体系的上层口径，包括商务、政务、医疗、旅游、金融、通信等易产生大数据的领域。

6. 其他选修课

其他选修课指扩展学生的视野、提高学生的基本素质自由选修的通识类课程。

7. 实践性教学环节

实践性教学环节指随课堂教学同步进行的计算机模拟实验和统计方法实验、各类科研训练项目、各类科技竞赛、实习、毕业设计（论文）等。重视实践性教学环节，实现数据科学基本方法应用的环节。通过实验或实训，让学生能够熟练应用数据科学方法解决实际问题。

7.4 组建“双师”型教学团队

组建年龄、学历、职称、知识结构合理配置的教师团队，兼具金字塔式和网络式梯队结构，建立团队的长效学习机制。

强化“双师型”和“双向兼职型”教师培养，提升教师的实践教学和数据应用能力。通过校企合作建设“双师型”专业教师队伍。选派教师深入企业项目开发一线，进行专业实践锻炼，提高师资队伍的实践能力；同时，从合作企业中选拔技术骨干作为兼职教师指导学生实习实训、来校讲授实践实训课程、举办项目应用讲座、开展系列主题活动。

7.5 注重实践创新

数据科学与大数据技术专业的实践创新，需要更加注重校企协同培养，通过校企合作开展实践教学。

建立校内外实践教学体系。校内实践依托实验室和实践项目，构建“三线”式实践教学模式：以“课堂教学—虚拟仿真实验教学—创新创业实践项目”作为实践教学第一主线，以学科竞赛为第二主线，以就业指导为第三主线，三线彼此促进，共同发展。

校外实践教学依托校企合作。充分结合企业实际需求，以问题导向+项目拉动，创造条件让学生顶岗实习，融入真实场景，以此培养学生真正“懂业务、懂数据、懂技术、会分析、会应用”的能力。

7.6　设计多元化考核机制

创设过程性、多元化考核制度，包括平时作业、计算机操作、项目实习、期末考试等，全面考查学生的综合应用能力。实践性教学采取非标准化考核，并将校企协同实践性活动，以及参加各类学科竞赛和创新创业大赛等融入考查，以多形式和多维度的考核成绩作为综合结果。加强学术论文写作及分析报告等应用性文书训练，并进行写作考核。

第8章

专业人才培养模式探索案例

8.1 案例一：数字经济时代统计学专业人才“数据思维”培养——以云南大学统计学人才培养为例

📖案例说明

数字经济时代，数据成为各行各业的重要战略资源，如何从数据资源中抽取数据价值成为产业数字化和数字产业化的核心技术，可通过数据工作者的数据思维加以实现。数据思维贯穿于从数据采集到数据价值实现的全过程。本案例以云南大学统计学在学生数据思维培养方面的一些做法为例，探讨关于数据思维的培养思路。

8.1.1 引言

在大数据背景下，探索适应数字经济时代高质量发展的人才培养模式成为高等教育改革的一个热点问题而被广泛研究。例如，刘维尚和袁丽（2021）探索了新工科建设下将设计创新思维融入新工科教育的路径、推进教学方法改革和跨学科人才培养等模式。文进等（2021）从构建新的课程体系、建立多学科背景教师队伍、搭建创新型人才培养平台等方面探索了以需求为导向的新工科人才培养模式。邹理和唐窗林（2021）提出了新文科背景下新闻与传播专业研究生培养的三个路径：交叉融合课程体系、跨专业“导师组”合作制、突出实践导向。王鹏飞等（2021）针对现有旅游管理专业人才培养模式存在着复合型人才缺乏、课程泛而不精、理论与实践结合度有待提高等问题，从设立多维目标体系、创新人才培养模式、深化跨学科融合、细化专业方向设置和创新教学模式等五个方面提出了应对举措。沈雪峰等（2021）以广东海洋大学农学专业为例，在新农科建设背景下构建了"一中心三体系"的农学专业创新人才培养模式。胡淼等（2021）针对新医科背景下医学检验技术专业从课程体系、实践教学平台、双师队伍建设等方面探索了人才培养模式改革。

以上所提到的"新工科""新医科""新农科""新文科"（"四新"）都强调将大数据、人工智能等新一代信息技术与传统学科融合发展。因此，作为大数据与人工智能在数据分析方面很重要基础的统计学［2011 年诺贝尔经济学奖获得者托马斯·萨金特（Thomas J. Sargent）在世界科技创新论坛上表示，人工智能其实就是统计学］，在"四新"建设中的地位显得尤为重要。如何提高数字经济时代下统计学人才培养的质量以适应新学科、数字经济的发展成为统计教育迫切需要解决的问题。为此，郭栋和成瑶（2018）以中国人民大学统计学院为例，探索了利用第二课堂构建统计学复合型人才创新培养模式。祝志川和周兰兰（2018）针对大数据背景下统计学专业培养模式中存在的课程体系、教学方法等问题，提出了"理论—分析方法—课内实验—校外实践"的统计数据分析人才培养模式。

现有研究尽管在课程体系、教学方法和第二课堂等方面取得一定成果，但却很少涉及学生"数据思维"培养的研究。因而非常有必要探讨如何将"数据思维"的培养贯穿于数字经济时代统计学人才培养的全过程，这具有重要的理论意义和实践价值。

8.1.2　统计学专业"数据思维"培养路径探索与实践

1. 通过专业课程、实验课程体系培育"数据思维"

在综合类院校，传统的统计学人才培养模式中，专业课程体系主要包括高等代数、数学分析等学科基础课程，概率论、数理统计、回归分析或应用回归分析、时间序列分析或应用时间序列分析等专业核心课程，以及应用随机过程、贝叶斯统计、计量经济学等专业选修课程。课程内容主要涉及数学基础知识和统计学方法，但运用统计软件和统计方法实现数据分析的内容较少。同时，随着海量数据（结构化数据、非结构化数据、半结构化数据）的涌现，大数据技术不断发展，基于数据而非模型的分析算法蓬勃发展（如随机森林、支持向量机等），这使得基于统计模型的传统数据分析方法面临极大挑战。因此，必须重构统计学专业课程体系以适应数字经济时代人才发展的需求。

云南大学统计学科为跟上时代发展需求，通过在专业课设置实验实训课，逐步构建培养学生“数据思维”的专业课程体系。如自 2011 年起，按照“能开尽开”的原则对所有专业课程设置了实验课程，极大地锻炼了学生运用统计软件和统计方法解决实际问题的能力。为顺应大数据时代统计人才培养需求，通过增设统计计算、机器学习，并联合新闻学院、软件学院开设统计案例分析等课程的方式构建起“基础理论—数据分析方法—统计软件实现—应用场景”逐步递进的专业课程体系。

2. 通过高水平交叉融合师资队伍培育“数据思维”

随着大数据技术对社会各领域的深度融合，市场对数据分析人才的需求也越来越大。猎聘发布的《2019 年中国 AI&大数据人才就业趋势报告》（中国新闻网 2019 年 8 月 30 日报道）显示，2019 年二季度国内 AI&大数据的人才需求是 2015 年一季度的 11.75 倍。而要培养满足市场需求的统计人才（既能处理传统的结构化数据，又能实现对半结构化和非结构化数据的分析），对师资队伍的知识结构提出了更高的要求，显然传统的以统计学单一背景为主的师资难以胜任这一要求，因此需要搭建涉及统计学、数学、计算机科学、某一应用领域等多学科交叉融合的师资队伍。

然而，由于受到经济发展水平、地域因素等原因的影响，西部地区高校面临引进多学科背景师资困难的问题，极大地限制了交叉复合型统计人才的培养发展。为解决统计学科师资困境，从 2006 年开始，云南大学统计学科先后与中国科学院数学与系统科学研究院、香港中文大学、香港浸会大学、美国耶鲁大学（Yale University）、美国伊利诺伊大学厄巴纳-香槟分校（University of Illinois at Urbana-Champaign）、美国密歇根大学（University of Michigan）、美国威斯康星大学麦迪逊分校（University of Wisconsin-Madison）、美国密苏里大学（University of Missouri）、加拿大英属哥伦比亚大学（University of British Columbia）、加拿大滑铁卢大学（University of Waterloo）、加拿大渥太华大学（University of Ottawa）、英国纽卡斯尔大学（University of Newcastle）、英国约克大学（University of York）、英国普利茅斯大学（University of Plymouth）等建立了联合培养师资博士或博士后计划。同时依托国家和云南省人才政策引进包括院士、教育部高层次人才、特聘教授等在内的高水平师资队伍，通过“走出去，引进来”等举措，走出了一条“引培并举”的师资队伍建设之路。到目前为止，云南大学统计学科搭建起了一支由院士、教育部高层次人才、特聘教授为领头人，以云南省“万人计划”青年拔尖人才为骨干，覆盖统计学、经济学、计算机科学、信息编码、天文学等多学科交叉融合的师资队伍。

3. 通过全方位实践平台培育“数据思维”

要实现学生“数据思维”培养的真正落地，必须使学生以主体地位全过程参与实际数据场景应用。为实现这一目标，云南大学统计学科从学科竞赛、社会调查、经济普查、人口普查、统计咨询、实习实训等方面打造了全方位实践平台。

学科竞赛是以实际问题为背景，检查学生综合运用所学知识，以团队合作的方式创新性解决实际问题的有效途径。云南大学统计学科将全国大学生数学建模竞赛、全国研究生数学建模竞赛、全国大学生统计建模大赛、全国应用统计专业学位研究生案例大赛、全国大学生市场调查与分析大赛、中国国际“互联网+”大学生创新创业大赛等全国性重要赛事纳入统计学学科竞赛范围，鼓励学生全员参与，并在赛前开展集中培训和以双向选择的方式确定指导老师组负责全程指导。

熟知经济普查、人口普查、社会调查的组织方式是统计学专业“数据思维”培养的一个重要方面。云南大学统计学科通过与云南省统计局、昆明市统计局、国家统计局云南调查总队、云南省文化和旅游厅等部门合作，组织学生参与经济普查、人口普查、社会调查等社会实践活动。

此外，按照学生未来可能服务的行业领域打造包括统计局、医药开发企业、数据分析咨询公司等在内的优质实习基地。同时，邀请行业内的专业大数据分析团队进校开展数据分析实训。

通过全方位的实践平台建设，近 6 年来云南大学统计学科在校生在学科竞赛方面取得丰硕成果，获国家级奖项 112 项，其中在全国大学生市场调查与分析大赛、全国大学生统计建模大赛等大赛中研究生组和本科生组分别实现了全国一等奖的零突破。

8.1.3　结束语

数据思维的培养是长期的浸润式过程。本案例以全过程培养统计学专业学生“数据思维”的角度，从专业课程体系构建、多学科融合的师资队伍构建和全方位实践平台的打造三个方面探讨数字经济时代培养统计学专业学生“数据思维”的路径，是初步尝试，更多更有效的方式还有待未来不断探索。

8.2 案例二：大数据下应用统计学专业课程和教学改革探索

案例说明

数据科学的快速发展促使统计学不断发展新的统计方法，统计分析更加重视计算速度和数据处理方法。在此背景下，需要对应用型统计人才培养的课程体系、教学模式等进行适应社会需求的改革。本案例从课程设置和教学模式的角度讨论了应用型统计学人才培养的思路和做法。

8.2.1 “宽平台、多模块、可拓展”的课程体系改革

根据大数据时代各行各业对统计学人才知识结构需求提出的新要求，遵循层次化原则、卓越性原则和个性化原则，在工程教育专业认证标准体系指导下，搭建“底层共享”“中层分立”“高层实践”的课程体系。“底层共享”指设置公共基础课和学科基础课，建立所有学生必修的基础课程平台；“中层分立”指根据专业方向特点设置专业核心课程和选修课；“高层实践”指设置个性化培养课程及实践创新项目，形成数据科学背景下的应用型统计人才培养的“宽平台、多模块、可拓展”的课程体系。

1. 课程体系的主要特点

在充分体现统计学学科特色的基础上，将数学、统计学、计算机科学等学科高度融合。

对低年级学生注重进行大数据数理基础、计算机技术基础、大数据统计分析基础等方面的培养，对高年级学生注重大数据统计分析能力、数据分析编程能力、数据分析实操能力等方面的培养。

设置充足的实训课程，实行双导师制，即学校导师+实际部门导师联合指导学生，实质性地推进校企合作，增加学生到实际部门实践的机会，提高学生的数据分析和实际应用能力。

2. 课程设置安排

基于上述思路，课程设置具体安排如下：本科一年级设置线性代数、数学分析、空间解析几何等数学基础课程，以及数据科学导论课程；本科二年级设置数据的描述统计、数据可视化、概率论、数理统计、数据采集与网络爬虫等基础课程；本科三年级设置大数据分析统计方法（包括应用回归分析、多元统计分析、应用时间序列分析、贝叶斯统计）、数据挖掘、机器学习、Python 语言、神经网络与深度学习等专业课程；本科四年级进行实习及实训。

学科基础课程和专业课程均采取理论课+实训/实验课程的形式，有利于提高学生将理论知识转化为应用、解决实际问题的能力。

8.2.2 教学模式改革

根据教育部关于高等院校“双万计划”、精品课程建设要求，在课程授课中，对传统讲授模式进行全方位改革，新的教学模式应体现“两性一度”，即高阶性、创新性、挑战度。数据科学驱动下的应用型统计人才的应用性增强，与实际问题联系紧密，教学模式更应与传统教学不同。教学模式应体现理论教学的“必须”、“够用”和“高阶”相结合原则，以及实践教学“创新”和“挑战”的核心地位，改变理论教学与实践教学分离的教学模式，集理论传授、实践操作为一体，突破学生固定座位、教师单一授课的教学模式，集师生双向交流、小组讨论式等教学形式为一体。具体实施如下：①创建自主学习模式。在教师主导下，采用翻转课堂、启发式教学、讨论式教学等学生主动学习模式，减少灌输式教学。②多种教学方式并用。以教师讲授为主的课程可采用启发式讲授，授课中多关注学生的专注程度，当学生关注度下降时，及时更换教学方式。③组建授课教学团队。尤其多学科交叉课程，由几位来自不同学科领域的教师一起开课，做到有机融合，如大数据分析统计方法、统计素养等课程。④增加案例驱动教学。以案例分析为问题导引，学生分组讨论，授课教师启发、点评，并形成小论文或研究报告，既培养学生的统计分析能力、撰写报告能力，又培养学生的语言表达能力。

在教学模式改革过程中，教师的角色由讲述者转换为组织者、引导者和合作者，考核方式多为非标准化考核，推进随堂考、案例考等过程性考核方式。这对教师的综合素质要求更高了。

此外，加强校企合作，发展“产-学-教-研”的培养模式。当前，高等院校特别是地方院校，应将应用性、创新性融入到教学中，培养应用型技术人才，增强学生的就业创业能力，全面提高学校服务区域经济社会发展和创新驱动发展的能力。

8.2.3 结束语

鉴于国内外数据科学和人工智能领域快速发展的形势，对统计学专业课程体系设置和教学模式进行重新审视、修订和改革势在必行。如何设置人才培养方案，使得统计学人才培养既符合统计学专业要求，又适应大数据背景下社会需求，是值得长期思考、与时俱进、不断探索的过程。

8.3 案例三：“AI+大数据”背景下数据科学与大数据技术专业“三师”培养模式探究

🕮案例说明

本案例从AI三要素（大数据、算法、算力）角度出发，以数据科学与大数据技术专业人才应是数据收集整理师、数据分析师、程序集合优化师（“三师”）为目标，从课程设置、考查方案制订、毕业论文设计、团队合作方面探讨数据科学与大数据技术专业“三师”培养模式。

随着人工智能技术的飞速发展，社会各行业迫切需要有数据科学与大数据技术专业背景的人才。针对这一需求，“AI+大数据”背景下，培养什么样的数据科学与大数据技术专业人才，以及如何培养数据科学与大数据技术专业人才，是高校新工科数据科学与大数据技术专业人才培养面临的根本性问题。

8.3.1 “AI+大数据”背景下数据科学与大数据技术专业人才的主要类型

AI研究的目标是使机器能够胜任需要人类智能才能完成的复杂工作。那么，机器如何学习人类的智能？关键要素即AI三要素：大数据、算法、算力。依据AI研究目标，可为“AI+大数据”背景下数据科学与大数据技术专业人才的培养目标给出清晰的定义，即数据科学与大数据技术专业应培养数据收集整理师、数据分析师和程序集合优化师“三师”人才。

1. 数据收集整理师

数据收集整理师主要解决大数据的采集、数据存储、数据传输、数据整理和数据治理问题。了解海量数据收集的渠道、数据获得的实验方案背景及数据的收集整理方法，是进行后续数据分析工作的关键。数据就是 AI 的灵魂，数据教会 AI 应该成为什么样的“人”，清楚了解数据不仅可以从数据角度出发，抽离需要分析的问题，还能通过对数据背景知识的了解为后续的分析研究提供相应的解决方案。因此，数据收集整理师需要具备的基础技能是数据来源背景的调查研究、数据类型结构的识别、数据的预处理。这些技能依赖于基础科学素养的培养。

现从三个方面详细介绍数据收集整理师所需的科学知识、素养和能力。

（1）英语素养、文献查阅素养、与相关领域人才沟通交流素养。当前大多数开源数据库对数据的来源、实验方案有详细的介绍，但是了解数据的来源和实验背景是数据收集整理师面临的难题之一。例如，阿尔茨海默病神经影像学计划（Alzheimer’s Disease Neuroimaging Initiative，ADNI）是研究阿尔茨海默病（Alzheimer’s disease，AD）的重要数据库之一。该数据库涵盖关于阿尔茨海默病的临床数据、基因数据、医学影像数据等，每一类型的数据都有其相应的统计指标变量，对这些变量名称含义和实验背景的了解是数据分析师的首要任务之一，且这类数据变量名称专业性强、英文解释少，数据科学与大数据技术专业在校生对这类数据的了解甚少。因此，需要特别培养以下几种科学素养：英语素养、文献查阅素养、与相关领域人才沟通交流素养。

（2）数学基础知识素养、统计基础知识素养。当前的开源数据库没有从统计学的角度对不同类型结构的数据做整理介绍，而数据类型结构的识别是数据分析的基础，数据收集整理师必须了解数据的类型结构才能判断采集、整理得到的数据是否是关注和研究问题所需要的。如上例所述，ADNI 数据库包含多种类型的数据，临床数据大多是 1 阶多维纵向数据，基因数据大多是 1 阶高维、超高维数据，医学影像数据大多是 2、3、4 阶超高维数据，但如何以数学、统计的语言描述这些数据，需要数据收集整理师具有以下两种科学素养：数学基础知识素养、统计基础知识素养。

（3）统计软件的自学能力、数据预处理能力。当前的开源数据库大多没有对原始数据进行预处理及简单描述性统计分析，通常情况下原始数据不能直接用来进行数据分析和统计建模。例如，ADNI 数据库中的医学影像数据——磁共振成像（magnetic resonance imaging，MRI）数据，通过对数据库基础功能的了解可知，MRI 数据为.img、.dcm 格式，这些格式类型的数据必须通过转化为数值型的数据后才能做数据分析，且由于人脑来源及大小不同，还需要对 MRI 数据进行头动校正、配准融合、图像标准化、平滑等预处理。因此，需要数据收集整理师具有统计软件的自学能力和数据预处理的能力。

2. 数据分析师

数据分析师主要解决 AI 算法问题。AI 信息化时代，各种开源算法数不胜数，如果说数据教会 AI 应该成为什么样的机器人，那么算法就是衡量 AI 能否成为优秀机器人的基本标准，算法越优秀 AI 就越强大。算法的基础是数学和统计学。根据数据建立模型并求解模型是数据分析师必备的技能。这些技能依赖于统计学、数学、计算机科学综合能力的培养。

（1）对数据如何建模是数据分析师需要解决的首要问题。例如，关于阿尔茨海默病的预测问题，数据分析师需清晰知道收集整理后的年龄、MRI、基因、临床测量变量等变量哪些应作为因变量、哪些作为自变量，如何构建相应的统计、数学模型。模型的建立是数据分析的关键，因此数据分析师需要熟悉基本的统计、数学模型，并具备根据实际数据类型结构建立与数据相吻合的数学或统计模型的能力。

（2）通过建好的模型，数据分析师需知道常用的开源算法及使用环境是否可以求解模型，进而知道模型中需要调节的参数如何影响建模分析的结果。例如，关于深度学习模型，数据分析师需知道模型求解的目标函数应如何选择，目标函数的求解可使用哪些开源算法，因此数据分析师需熟练掌握常用的计算机编程语言及技术，具备数据导入、调节参数、判断算法是否收敛的计算机编程能力。

（3）通过求解的结果，数据分析师需判断结果是否合理，并对建模和求解的过程进行反复验证检查。例如，在计算过程中计算速度慢、结果不合理，数据分析师必须具备寻找问题并总结问题的能力。

（4）通过对结果的判断寻找新的建模和算法，是解决好问题的关键，数学、统计是建模和算法的底层基础技术。例如，AI 算法中较出名的 ADMM 优化算法及正则化方法的核心思想来源于数学中限制性条件极值的求解问题。因此，要想数据分析师不盲目使用开源算法、掌握算法的核心思想及算法的优化提升，数据分析师必须具有扎实的数学、统计学的理论基础。

3. 程序集合优化师

程序集合优化师主要解决算力问题。算力，也称作计算力，顾名思义就是设备的计算能力，算力更高的设备在计算时更流畅。算力属于个体能力，即成长中的 AI 在处理问题时需要的能量。

在“AI+大数据”背景下要实现模型的快速求解运算，需要程序集合优化师熟悉计算机硬件及软件技术。例如，当数据样本过大，造成单台主机存储困难时，将数据分别存储并将每台主机计算的结果进行汇总整理，是程序集合优化师必须具备的技能。这些技能依赖于统计计算、计算机技术综合能力的培养，因此，程序集合优化师必须掌握并行、分布式计算的相关原理、技术，合理对数据、设备、程序进行优化配置，并对计算结果进行汇总整理，为 AI 的成长提供坚实的基础。

大多数使用 AI 的某个相关领域的研究者并不擅长计算机编程技术，要使训练好的 AI 得到广泛使用必须对程序进行整合包装，整理为合适可行的操作界面及操作手册，供不同领域的研究者使用。因此，程序集合优化师还必须具备操作界面整合、美化、调试等能力。

8.3.2　“AI+大数据”背景下培养“三师”人才的主要途径

通过梳理数据收集整理师、数据分析师、程序集合优化师“三师”人才的能力特点，以下依托数据科学与大数据技术专业人才培养目标，从课程设置、毕业论文设计等方面探究在“AI+大数据”背景下，培养动手能力强、基础知识扎实、团队协作能力强的数据科学与大数据技术专业人才的方法和途径。

1. 改革课程设置

针对数据科学与大数据技术专业人才需有较强的英语素养，在传统的大学英语教育过程中需穿插专业英语教学内容，并注重过程性考核，如每隔两周给学生提供相应的国外数据库网址、以小组方式学习数据库及基本操作模块内容等。

针对数据科学与大数据技术专业人才需有较强的文献检索素养，在文献检索课程中穿插常用检索网址的介绍及文献收集整理工具 EndNote 的使用方法，使学生学会从海量的文献中寻找所需文献资料的有效方法。

针对数据科学与大数据技术专业人才需要有数据收集、整理的能力，可设置对文本数据、图像数据、高维数据、属性数据等进行数据采集、数据预处理等选修课程，提高学生对各类型结构数据的区分、收集、预处理能力。

针对数据科学与大数据技术专业人才需要有扎实的统计学、数学基础，适当增加统计学、数学课程教学课时，并增加矩阵论及张量理论课程教学。

针对数据科学与大数据技术专业人才需要有较强计算机编程能力，开设机器学习、深度学习、数据算法分析与设计等课程，重点培养动手能力，训练常用的编程语言，实现案例数据算法流程分析。

针对数据科学与大数据技术专业人才需要熟练掌握计算机技术，开设数据库原理与技术、分布式系统与云计算等课程，增加学生对数据存储机制及计算机设备配置方面的了解。

2. 创新毕业论文设计

在毕业论文设计方面，不拘泥于一人一文的传统毕业论文的形式。基于数据科学的学科交叉性特点，可采用团队合作方式完成毕业论文，包括校内团队协作、校外合作等方式。具体建议如下。

1）自定义选题的校内团队协作毕业论文设计

通过对数据库及实验背景的了解，从创设统计建模问题，以团队合作的方式完成毕业设计。

选题的获取可来自导师命题、实验、实践和竞赛等多个渠道。指导老师可结合研究课题给定毕业论文题目和研究思路。例如，指导老师要求分析 ADNI 数据库中的 MRI 数据，并根据此数据设计阿尔茨海默病的辅助诊断模型等。学生也可通过实验课、社会实践以及学科竞赛活动选题。例如，参加各级各类学科竞赛，从竞赛的题目中深挖毕业论文题目，以团队协作方式在完成竞赛的同时，也酝酿并进一步开展毕业论文设计。

这个过程要求团队成员分工合作，如事先分配好收集、整理、分析数据，以及整合程序可视化等任务，查阅相关文献资料，最后给出研究方案和研究计划并按此完成毕业论文设计。在毕业设计中，要求有详细数据来源介绍，展示数据收集、整理、分析过程，最后以模块化可操作界面形式呈现计算结果。

2）揭榜领题的校外合作毕业论文设计

加强校外合作，可在学生实习期间，与相应的医院、企业、政府等部门合作，了解它们的实际需求，并掌握数据来源，以实际部门出题、学生领题的方式，以解决实际问题为目的完成学生的毕业论文设计。

这个过程中，可聘请校外合作者为毕业论文设计共同指导老师。例如，医院需要操作界面通过 B 超影像数据自动实现疾病分级的功能，围绕这一研究目的，医生把要研究的内容、问题和数据打包给指导老师，指导老师把材料交给学生，并给学生提供相应解决问题的思路，明确团队成员的任务，保持阶段性汇报，如以论文或研究报告的形式向校外指导老师汇报，最终以研究报告、论文及可视化操作界面的方式完成毕业论文设计。

3）毕业设计的考核方式

以模块化方式进行毕业设计评价。比如，理解题意占 10%，主要考查学生能否清晰明白题意，并从题意中整理出统计、数学问题；数据处理分析占 30%，主要考查学生数学、统计、计算机编程结果；操作界面展示占 20%，主要考查学生能否将研究成果落地并得到相关部门的认可和使用；团队合作占 10%，主要考查学生能否按团队分工，按要求时限及时完成自己的研究工作；研究报告或论文格式及汇报占 30%，团队成员以论文的形式展示自己的研究方案和结果，考查论文写作能力和表达能力。

8.3.3　结束语

数据科学与大数据技术专业是有着巨大社会需求的新兴专业，现阶段该专业人才培养无论数量还是质量都还不能满足社会需求。因此，如何培养满足社会需求的高质量人才，是需要我们不断深入实际、深入学科发展去思考探索的重要问题。相关的研究才起步，本案例对数据科学“三师”型人才的培养思考只是初步探索，还需要不断结合学科发展、地方社会需求进一步深化、优化和细化。

第四篇

课程思政教学探索

从人的全面发展的角度看，高校人才培养应将价值塑造、知识传授和能力培养三者融为一体，贯彻落实“三全育人”，培养具有科学精神和高尚品德的合格专业人才。

第9章

课程思政的背景及意义

课程思政是通过将思想政治教育与专业课教学融为一体，在专业教学中同时涵育学生的科学精神、优良品德和爱国情怀，构建全员、全程、全课程育人格局，把立德树人作为教育根本任务的一种新时代教育理念。

9.1 课程思政产生的背景及意义

立德树人是高等学校的安身立命之本、生存发展之基。但长期以来，高校思想政治教育主要依赖于专门的思想政治课程，形式较为单一，并与专业教育相分隔，不同程度地存在思想政治教育与专业教育“两张皮”的现象，导致高校思想政治课程的育人作用在一定程度上流于形式，立德树人的育人效果不甚明显。

为了解决这一问题，以习近平同志为核心的党中央为高校人才培养和思想政治工作提出了方向指导和行动纲领。2016 年 12 月 7～8 日，习近平总书记在全国高校思想政治工作会议上指出，“要用好课堂教学这个主渠道”，“使各类课程与思想政治理论课同向同行，形成协同效应”[①]。2019 年 8 月，中共中央办公厅、国务院办公厅印发了《关于深化新时代学校思想政治理论课改革创新的若干意见》，明确提出，要“发挥所有课程育人功能”，为整体推进高校课程思政建设指明了政策方向。2020 年 5 月，教育部正式颁布《高等学校课程思政建设指导纲要》，明

---

① 习近平在全国高校思想政治工作会议上强调：把思想政治工作贯穿教育教学全过程 开创我国高等教育事业发展新局面[EB/OL]. (2016-12-09) [2022-03-11]. http://dangjian.people.com.cn/n1/2016/1209/c117092-28936962.html.

确指出："落实立德树人根本任务，必须将价值塑造、知识传授和能力培养三者融为一体、不可割裂。全面推进课程思政建设，就是要寓价值观引导于知识传授和能力培养之中，帮助学生塑造正确的世界观、人生观、价值观，这是人才培养的应有之义，更是必备内容。"该纲要为高等学校全面开展课程思政教育提供了行动纲领。

大学时期是大学生世界观、人生观和价值观形成的重要时期。现代大学生是在大数据时代和科学技术高速发展的大背景下快速成长起来的新一代，有广泛的信息来源，但同时也面临很多诱惑，容易产生各种困惑。大学课堂不仅是对大学生进行专业知识教育的主场所，而且也是进行思想政治教育的主阵地。单靠"说教式"教育方式，思想政治工作难以奏效。课程思政的教育理念，为创新思想政治教育方式提供了新思路，切实把教书育人理念具体化、政策化。这也为教师们在教学过程中，结合具体教学内容，深挖其中的育人资源和育人元素，集思广益、巧妙设计思政案例，增强课堂的趣味性并充分发挥其育人功能，开展个性化教学提供了广阔舞台。

9.2　高校课程思政教学研究现状

大学课堂上，如何将课程思政落实到课程教学中，挖掘专业课程中的思政元素？很多学者和教学一线的教师对此进行了深入探索和研究。高德毅等（2017）认为，高校应该牢固树立"课程思政"理念，从战略高度构建思想政治理论课、综合素养课、专业课三位一体的高校思政课程体系，并发挥思政课"群舞中领舞"的作用，凸显所有高校课程的育人功能。李向东（2018）和他的团队从思想、认识和行动高度统一到落实立德树人，聚焦"四个回归"，将思政教育的目标与课程建设目标紧密相连，知识传授与价值引领同在，人文关照与品格养成并重。樊兴丽（2019）从思政教育的学科属性及现实问题出发，推动知识传授和价值引领协同发展，构建知识传授和价值引领同频共振的思政教育格局。冯梅等（2020）将思政元素和学科知识嵌入课程思政的教学内容中，并在课程思政的教学环节中实现"思政元素外显"和"学科知识内化"的转换。

理工类专业课程主要以自然科学知识和规律为基本对象，阐述事物的自然规律和运行的机理及其应用，具有客观性、确定性。在制定理工类课程的教学目标时，教师难免会偏重知识的传授和学生专业能力的培养，而忽略价值取向的引导和内化。统计学专业相关课程也不例外。在统计学专业人才培养过程中，如何挖掘统计学专业课程中的思政元素，为立德树人守好一段渠、种好责任田，培养思想政治坚定、专业技能过硬的统计学人才，这是我们每一位“统计人”都应当思考的问题。

纪宏（2021）系统地讨论了统计学专业的课程思政问题，认为应该将思政教育引入统计学科的深处，把统计学科内涵、统计学科体系、统计思想与科学思维、国家意识和人格养成有机结合。培养的学生应该既具有科学精神，又具有国际视野和家国情怀，会用国际语言讲述中国故事、中国辉煌，解决中国的问题，并对如何挖掘一些统计学课程的思政元素进行了介绍。

方万里（2020）就统计学如何“与思想政治理论课同向同行，形成协同效应”育人问题展开了探讨。探讨了统计学的理论基础与马克思主义哲学之间的关系，并建议在教学过程中把统计思想与马克思主义的世界观和方法论联系起来，通过真实数据和真实案例，展现中国特色社会主义制度的优越性，培养学生“用数据说话”的实事求是的科学精神以及爱国主义情怀。

张虎和肖磊（2021）从课程建设、课堂教学和教师队伍建设等几个方面，对课程思政与统计学专业课程的融合进行了探索和实践。

此外，还有很多学者对相关统计学专业课程中的思政元素进行了挖掘和研究。

袁晓惠等（2019）基于多元统计分析课程的特点，构思了其与思政结合的教学方法和教学环节。

刘哨东（2020）通过应用统计学课程的教学实践并结合教材相关思政元素培养学生辩证唯物主义、诚实守信和生态文明的价值理念，从而实现知识引领，能力塑造、价值引领的有机融合。

敖雁等（2020）以生物统计课程为例，从了解课程历史、尊重数据、尊重和应用科学、关爱生命和名人爱岗敬业的示范作用等方面挖掘该课程的思政元素，增强学生的责任意识、民族自豪感和家国情怀，为生物统计类教师进行思政教学提供一些参考。

庞国楹等（2020）以概率论与数理统计课程为载体，在分析课堂思政融入课堂教学的可行性和必要性的基础上，结合课堂教学的改革实践，将思政元素和理念融入日常教学活动中，探讨概率论和数理统计课程与思政的有机结合。

张恒等（2020）阐述回归分析课程思政的重要意义，并从教师思政素养、理论教学、案例教学三个角度探讨回归分析课程思政的途径。

杨锦伟（2020）以时间序列分析课程为例，进行了课程模块化构建和自然融入思政元素的探索与实践，并给出了若干教学实践案例。

刘秀芹等（2020）尝试将思政元素融入到马尔可夫链的讲解过程中，以科学知识为载体，将传授知识和课程思政融合，为随机过程课程思政落地提供切实可行的教学案例。

蒋变玲（2021）以试验设计与统计课程为例，挖掘试验设计与统计课程思政元素，通过混合教学、案例教学、实践教学及课赛结合等方式对课程思政教学进行探索与实践。

李楠（2020）结合个人教学经验，从教学内容设计、教学形式改革、考核方式设计和教学反思四个方面，探讨了课程思政改革下的抽样调查教学设计。

徐晨等（2020）深入讨论了抽样调查的统计双语课程的课程思政的必要性和可行性，并分享了开展思政建设的思路和方法。

程燕（2021）通过修订应用统计学课程教学大纲，明确课程思政的教学目标，在课程内容安排上体现课程思政的融入，从爱国主义教育、“五个认同”教育、职业道德、专业能力、综合素质等方面着眼，与应用统计学课程内容紧密结合。

9.3　统计学专业课程开展课程思政建设的优势

首先，统计学专业课程开展课程思政建设的影响面比较广泛。统计学是一门以数据为研究对象的方法论学科，它研究来自各领域的数据，提供通用于所有学科领域的数据收集、整理、分析、解释并从中得出结论的理论和方法。教学中，很多专业都要开设统计学课程，包括工学类专业、医学类专业、生物学类专业、社会科学类专业等。尽管应用方向不同，但所运用的基础理论相同，学生能够利用统计学知识和技能，分析、理解相关的自然、社会、文化和政治等。因此，统计学课程思政能产生较为广泛的影响。

其次，由于统计学紧密联系实际社会的特性，其课程思政元素较为丰富多样，能为课程思政教育实践提供较多可借鉴和使用的案例素材。例如，社会调查、试验设计在培养学生法治思维、提升道德素养、强化社会责任等方面与高校思想政治教育目标具有内在一致性。再如，统计学要求以数据为本，即“以客观数据为本”，而唯物主义哲学思想则提出“物质第一性”的观点，两者存在共通之处；类似地，还可以从“偶然性同必然性的对立统一”引出频率、概率知识点，从辩证法的角度去理解因果关系、相关关系、参数估计以及假设检验内容等等。统计理论与哲学思想相结合，能创造出许多思政元素，令人耳目一新。

统计方法与社会现实相结合，可使我们时时发现新案例，联系身边事，活学活用。例如，突如其来的新冠肺炎疫情，使我们可以密切联系疫情及相关科学研究的进展，从中找出与课程相关的知识和思政的关系作为切入点，统计疫情数据，用所学知识研究病毒传播规律，更好地理解国家关于疫情的调控措施，深刻领悟以人为本的执政理念，引导学生思考作为统计人的责任担当。教学过程中可结合最新研究成果、最新发现案例，不断创新课程思政教学内容和方式。

第10章

统计学专业课程思政建设思路

如何把“课程思政”与统计学专业人才培养有机融合，培养出具有正确世界观、人生观和价值观，德才兼备的数字经济时代统计学人才？建议遵循如下思路。

10.1　将立德树人嵌入人才培养理念，融入课程教学全过程

在人才培养理念和教学大纲中突出课程思政和育人要素，把立德树人作为人才培养的首要理念和中心目标。

首先，人才培养理念应坚持思想品德教育和专业能力教育并举，德育为先。德育培养目标是，培养德智体美劳全面发展，具有健全人格、良好综合素养，具有正确世界观、人生观和价值观的数字经济时代统计学人才。专业能力培养目标，既要强调数理基础知识牢固、统计专业知识熟练，更要重点突出培养学生求真务实的科学精神，以及较强的学习能力、知识应用能力、团队协作能力和自我创新能力，从而培养出思想政治过硬、专业知识牢固，且能与时俱进的高质量数据分析人才。

其次，在教育部《高等学校课程思政建设指导纲要》等文件思想指导下，通过修订统计学专业课程教学大纲，充分挖掘专业课程中的思政元素，把课程思政元素写入教学大纲并融入专业课教学全过程。例如，在教学过程中，教师通过统计数据展示中华人民共和国成立以来我国社会各方面发生的巨大变化，讲解祖国的强大给人民带来的福祉，引导学生在专业学习的同时树立爱国主义思想、社会主义核心价值观，增强“五个认同”，提升思想道德修养，培养统计职业道德，全

面提高学生的综合素质。

10.2　树立专业教师的育人主体意识

教师的本职就是既要“教书”又要“育人”，习近平在全国高校思想政治工作会议上的重要讲话再次将教书育人提到空前重要的地位，对教师提出了更高的要求，教师要努力实现从教书匠到教育家的转变，树立“立德树人”“三全育人”意识，把自己的工作从专业教学扩展到课程育人，再发展为全息育人。作为教师，要回答怎样才能教好书、育好人的问题。

首先，专业教师要自觉适应时代发展需要，不断学习专业知识。数字经济时代，随着机器学习、人工智能等技术与统计学的交叉融合，统计学科的知识体系更新速度非常快。这要求统计学专业教师不能墨守成规，不能再沿袭几十年前的教学内容和教学方法，而是要不断学习、钻研科技前沿技术与问题，主动把握本学科的发展动态，对新型的交叉学科积极跟进，紧跟学科最前沿；同时，在教学过程中推陈出新，把统计学、大数据技术的最新研究成果和前沿知识融入到课堂教学中。比如，在应用回归分析课程中，在变量选择部分，不仅要讲授逐步回归等传统的变量选择方法，还要对近一二十年来发展的最小绝对收缩和选择算法（least absolute shrinkage and selection operator，LASSO）、弹性网等机器学习领域的变量选择方法进行介绍；在定性因变量部分，不仅讲述传统的逻辑斯谛回归（logistical regression），还要给学生介绍支持向量机、深度学习、决策树和随机森林等最新的研究方法，如学时限制，可以对这些方法进行简要的介绍，把参考书和参考资料留给学生，让学生课后再深入了解。使学生不仅能牢固掌握经典的统计理论基础，同时还能了解最新的大数据分析技术，这样才能培养出适应时代需求和社会需求的统计人才和数据科学与大数据技术人才。

其次，更重要的是，专业教师不仅要“教好书”，更需要“育好人”。在传授知识的同时，培养学生树立正确的世界观、人生观和价值观，为社会培养合格的建设者。教师作为课程教学的具体实施者，其思政意识、综合素质和专业能力决定了课程思政能否有效推进。专业教师要做到教育者先受教育，不断提升自己的思想意识素养，认可和重视专业课程思政的双育人功能，摒弃认为思政教育只是思想道德与法治、马克思主义原理等课程任务的错误观念，全程参与学生的思想政治教育。专业课教师要首先树立正确的世界观、人生观和价值观，自觉深入研究教学内容，寻找思想政治教育与专业教育的结合点，深挖思政元素并将其合理融入课程教学。比如，在学生刚入校时的统计学专业介绍课程中，专业教师就可通过一些大家耳熟能详的典型案例，让大家了解统计学在祖国的社会经济建设和科技强国等各领域的重要应用，介绍统计史，展望统计学科的发展前景，唤起大家对统计学的好奇心和学习兴趣，帮助学生树立远大的学习目标，激发学生立志学好本领、成为祖国建设者的爱国情怀。

最后，必须重视的是，要育好人，专业教师应努力加强自身综合素质修炼，具备让学生敬重的学问与品行，以自己的理想信念、道德情操、渊博学识、仁爱之心，让学生耳濡目染，才能把思想政治教育落到实处，实现“一棵树摇动另一棵树，一朵云推动另一朵云，一个灵魂唤醒另一个灵魂”。

10.3 创新灵活多样的教学方式方法

传统思想政治教育课不容易受学生欢迎的主要原因在于教学方式单一，是教师单向输入、学生被动接受式，进而导致思想政治和专业教学“两张皮”，课堂没有吸引力。课程思政的提出，带来了思政教学方式的巨大创新空间。在专业课教学中，教师充分发挥想象力，结合专业知识点，不断创新、改进教学方法，利用线上线下教学相结合、实体课堂与虚拟课堂相结合、讲授和翻转课堂相结合等教学手段，通过生动的案例和数据，以巧妙、自然、富于感染力的授课形式，将专业课里蕴含的诸如爱国主义精神、中国传统文化精华、科学精神、艰苦奋斗品质等思政内容以丰富的课堂模式和精巧的授课方法加以呈现，以调动学生学习的积极性，提高学生学习的主观能动性和参与度，在潜移默化中进行思想政治教育。

比如，可以开展用数据展现“改革开放四十年”“近五十年来世界主要国家的发展”“中国脱贫攻坚成效”等类似的案例分析比赛，以项目的形式，学生分组开展数据搜集和数据分析，可以采取抽样调查的方式，可以搜集网络数据，可以从全球各国发展和国际的经济发展等宏观角度，也可以关注家乡和身边的小事，具体选题不限，但内容要具有正能量和体现正确的价值观。分组完成数据搜集和数据分析，每组选派一人在线上对项目报告进行汇报，并让学生们在讨论区积极发言，表达自己的观点，对国家的经济发展和家乡的变化述说自己的亲身感受。在这个过程中，可以让学生既学会如何搜集和分析数据，运用统计数据说话，用专业知识解决实际问题，又学到了书本上没有的知识，拓展了专业视野，培养了学生关注社会、发现问题和解决问题的能力，提升了学生的团队协作能力和表达能力，同时还在无形中进行了爱国主义教育，让学生了解到在中国共产党的正确领导下祖国的日益强大，增强了学生的民族自豪感和爱国情怀。

在教学过程中，要不断发掘专业知识中可以进行思想政治教育、实现价值引领的素材，辨别哪些专业知识可以与思想政治教育内容相融合，通过一些生动的实例和实际数据，无缝对接课程思政的融入，做到不牵强，不刻板。可以把当下热点的时事充分融入课程思政中，让学生带着兴趣去接受，主动学习。比如，在概率论课程讲解数学期望时，可以引入新冠肺炎疫情核酸分组检测的例子，介绍分组检测的统计学原理，以及核酸分组检测在提升检测能力和降低核酸检测次数和试剂盒使用量中所发挥的重要作用。然后再引申到我国在中国共产党的正确领导下，党中央、国务院高度重视新冠肺炎疫情防控工作，把人民的生命安全放在首位，给全世界其他国家的新冠肺炎疫情防控树立了优秀典范，这充分证明了中国共产党领导下的中国特色社会主义制度的优越性，从而在讲授专业知识的同时很自然地进行了爱国主义教育。

在改进专业课思政教学方法过程中，最重要的是挖掘专业课程中的思政元素，将思政元素与课程内容有机结合，把课程思政有效地融入专业知识学习中，做到门门课程有思政，实现知识传授、能力提高和价值观引领的有机融合。

10.4　统计学课程思政教学需要避免的问题

在当前课程思政教学探索中，要避免出现以下问题。

第一，思政元素的延续性不强。教师的个性化教学往往导致在教学中主要靠教师个人发挥，思政元素的随意性大，以致同一门课，不同教师讲授时，发掘的思政元素差异较大。长期看，一些重要固化的思政元素不能保证延续性，一些思政目标没能统一起来，课程思政建设的效果得不到应有的保证。

针对这种问题，可考虑利用教研室活动集思广益，结合统计学专业相关课程的教学内容制定各门课程对应章节知识点的思政目标；让思政目标与知识技能目标有机融合，并固化于教学大纲中，在源头上保证课程思政目标的顺利实施和不断延续。

第二，课程内容与思政素材的融合过于牵强，“为赋新词强说愁”。有时存在思政素材与课程章节知识点不搭边，素材比较生硬、陈旧、不够新颖、不够吸引人，显得老调重弹，造成思政效果较差；存在强塞思政内容，有仅为完成教学改革任务之嫌，不主动积极适时进行课程思政探索等问题。

针对这种情况，可考虑深入研究课程教学内容，积极思考教学内容的前因后果，针对每一部分教学内容做扩展式、延伸式、研究性、专题性深度挖掘，提炼出符合学生特点和课程特色的爱国情怀、法治理念、社会责任、文化自信、人文精神、价值追求等要素。从课前、课中、课后三个环节，将这些思政元素进行渗透，做到教学内容的知识性、技能性与价值性有机融合，让教学丰富生动、有的放矢，在润物细无声的情境下将课程的价值引领浸润到学生心中。

第三，课程思政素材表达欠佳，无吸引力。在一些统计学专业相关课程教学中，思政教学语言表述和导入衔接还显得比较生疏和生硬，不够自然。这可能是由于授课教师对于思政素材，在语言表达上尚缺有效组织，思政讲授方式较为单一、枯燥乏味，在导入衔接上缺乏循循善诱。

针对这种情况，任课教师应多学习借鉴、多模仿、多应用，勤练教学基本功，使得课程思政教学方式方法多样化。一方面，参加学校组织的各类课程思政教育教学改革培训，加强与思政课程类教师的交流与协同合作；另一方面，利用线上线下、翻转课堂结合传统授课方式开展课程思政教学，使用混合式、项目式、讨论式课程思政教学法，在不同的学习氛围和环境下，引发学生的知识共鸣、情感共鸣、价值共鸣。

第 11 章

统计学专业课程思政元素挖掘案例

11.1 案例一：统计学专业课程思政元素挖掘探索

📖案例说明

结合专业课程特点，整理并分析课程知识里蕴含的思政元素，梳理专业知识与思政元素的结合点，科学设计教学实施方案，活跃课堂，巩固知识，激发爱国情怀和增强责任担当。本案例以概率论、抽样调查等9 门统计学专业主要专业课程为例，探讨以教学内容为载体，发掘思政元素，给学生传播正能量的做法与思考。

11.1.1 概率论

在概率论课程中，可以发现有很多知识点蕴含了思政元素。比如：

（1）在介绍概率的定义时，频率与概率的辩证关系就是一个思政元素，它体现了偶然性与必然性的对立统一。恩格斯指出："在表面偶然性起作用的地方，这种偶然性始终是受内部隐蔽的规律支配的，而我们的问题只是在于发现这些规律。"事件的频率具有偶然性，而事件的概率是客观存在的，具有必然性。试验次数较少时，频率与概率有较大的偏差，这是对立性；试验次数很多时，频率呈现出稳定性，它在事件的概率附近微小摆动，这是统一性。教师可进一步引申到吸烟与肺癌的关系，间接提醒学生吸烟有害健康，引导学生养成良好的生活习惯。又如 n 重伯努利试验、中心极限定理，都蕴含了思政元素——从量变到质变的哲学观。

（2）在介绍小概率事件时，可以引入成语“水滴石穿”，从理论的角度计算水滴穿石的概率。水滴落下一次击穿石头的概率非常小，它是个小概率事件，在一次实验中一般不会发生。但是，只要水滴持之以恒，坚持不懈地落下，当次数趋于无穷时，水滴一定可以穿石。通过这个过程，告诫同学们在平时的学习或将来的工作中，立下目标就一定要持之以恒，永不放弃，只要每天都坚持，终会有实现的一天。同时，对于不好的习惯和事情，也“勿以恶小而为之”，更不要以身试法！一次错误或一次受贿可能侥幸逃脱法律的制裁，但长期进行下去，一定会有接受惩罚的一天。以此熏陶学生树立正确的人生观和价值观。

（3）在讲解事件的独立性时，可以引入俗语“三个臭皮匠，顶个诸葛亮”，利用事件的独立性，计算三个臭皮匠解决一件事件的概率。让学生潜移默化地认识到团结的重要性、集体的重要性。集体是力量的源泉，众人是智慧的摇篮，孤雁难飞，孤掌难鸣，在现实生活中，我们应该群策群力攻难关，团结合作创佳绩，从而培养学生的团队协作能力。

11.1.2 抽样调查

在抽样调查课程中，通过介绍在统计调查阶段应深入实际，掌握真实可靠的第一手资料，用事实说话，培养学生坚持一切从实际出发、实事求是的精神，反对弄虚作假。统计调查应该满足准确性和及时性的要求，调查数据必须是调查对象客观真实的反映，力求数据的真实性，不能漏报、虚报、瞒报和伪造、篡改数据，培养学生尊重客观事实、实事求是的统计职业素养和世界观。同时，可以结合一些实际的调查案例进行讲解，让学生直观地了解抽样调查的实施过程和重要作用。比如，可以介绍我国每隔十年举行的全国人口普查，以及在两次人口普查之间开展的百分之一人口抽样调查，并以近几次的普查和调查数据利用图表进行展示，从中可以看到我国人口结构——年龄结构、性别结构和人口总量的变化趋势以及人口迁移规律等在近几十年的变化，借以解释人口老龄化、少子化、农村大龄男青年结婚难等社会热点问题，再结合我国近几年颁布的计划生育的文件和政策说明普查和抽样调查的重要性。由此分析告诉大家：全国人口普查和人口抽样调查的主要调查内容和调查目的，让同学们积极参与其中，明确自己作为一名中国公民的责任和义务。

此外，在抽样调查课程中，还可以引用国家领导人关于调查的权威论述，比如毛泽东主席的“没有调查，没有发言权”的权威论述（见毛泽东 1930 年所作的《反对本本主义》）。习近平总书记非常重视调查研究，在多个场合都强调调查研究的重要性。他曾形象地比喻道：“调查研究就像‘十月怀胎’，决策就像‘一朝分娩’。调查研究的过程就是科学决策的过程，千万省略不得、马虎不得”[①]，以及“调查研究是谋事之基、成事之道。没有调查，就没有发言权，更没有决策权。研究、思考、确定全面深化改革的思路和重大举措，刻舟求剑不行，闭门造车不行，异想天开更不行，必须进行全面深入的调查研究”[②]。把这些国家领导人关于调查的权威论述引入到教学过程中，可以使学生对调查的重要性有更进一步的理解。同时，也可以使学生更加深入地领会我国的政策方针制定的依据，以及“从群众中来，到群众中去”是我党取得任何工作胜利的根本保证，以培养学生踏踏实实做人、勤勤恳恳做事，从小事做起、从基础做起，埋头苦干与开拓创新的精神。

11.1.3　应用回归分析

在应用回归分析课程中，相关分析与回归分析体现了马克思主义关于世界是普遍联系的世界观，回归分析的目标和任务是从纷繁芜杂的现象中，通过建立模型，挖掘和揭示变量之间的本质规律。在建模的过程中，影响因变量的因素可能很多，此时我们需要对变量进行选择，筛选出与因变量相关程度更高、显著的自变量，其中蕴含了主次矛盾和矛盾的主次方面等马克思主义哲学思想。在教学过程中，可以通过一些简单的例子，使学生既能掌握专业知识，又能在思想政治上得到进一步升华。比如，对于变量之间的关系，可以让学生思考“教育程度”与“收入”、“个人努力”与“国家富强”、“中国共产党领导”与“中华民族伟大复兴”、“个人利益”与“国家利益”、“国家财政收入”与“缴纳个人所得税”之间的关系等，使他们更加深刻地理解个人与国家之间是休戚相关、荣辱与共的，每个人都是组成国家的一分子，只有每个人都做好自己的事情，做出一点贡献，国家才会越来越好；只有国家富强和繁荣稳定，才能有每个人的安居乐业和幸福生活；只有在中国共产党的坚强正确领导下，才能实现中华民族的伟大复兴；只有每个社会公民都按时足额缴纳个人所得税，国家财政收

① 习近平之江新语：调查研究就像“十月怀胎”[EB/OL]. (2013-10-09) [2022-01-06]. https://news.12371.cn/2013/10/09/ARTI1381290666715461.shtml.

② 中共上海市纪律检查委员会. 习近平：没有调查，就没有发言权，更没有决策权[EB/OL]. (2013-07-25) [2022-01-06]. http://www.shjcw.gov.cn/2015jjw/n2230/n2236/u1ai41258.html.

人才能得以保障。再比如，在对因果关系和相关关系的讲授中，可以引用以下小故事：一个外星人来到地球，发现人类会死亡，十分不解。于是开始在全球广泛观察死亡现象，并收集了大量的数据。结果发现，许多人躺在医院病床之后死去，故推断医院病床是死亡的原因。外星人于是将研究报告投稿发表于某顶尖经济学期刊，并在文末给出政策建议“珍爱生命，远离病床”。但是外星人不了解的是，只有人生病了才会躺到病床上，遗漏了“生病”这一重要的因素，从而导致错误甚至荒谬的因果关系。又如，“公鸡打鸣”不是天亮的原因而是生物钟这一客观事实。通过这样的小故事，告诉学生看事情不能流于表面，要去伪存真，探究事物的本质，以培养学生正确看待和认识事物变化的本质、明辨是非，树立正确的是非观，不信谣、不传谣。

11.1.4 贝叶斯统计

在贝叶斯统计的教学中，对于贝叶斯统计的基本思想，可以结合马克思主义的认识论来进行讲解。马克思主义的认识论认为，认识来自实践，又反过来指导实践，为实践服务。表现在认识过程中，人对世界的认识不是一次完成的，而是一个多次反复、无限深化的过程。这种“认识—实践—认识”的过程，与贝叶斯统计的基于先验信息和样本数据推断后验概率的思想具有异曲同工之妙。同时，也让学生体会到实践（样本数据）的重要性，坚持实践是检验真理的唯一标准。另外，还可以把贝叶斯公式应用到一些耳熟能详的小故事中，增强课程的趣味性，使学生在学到知识的同时，更能在思想政治上得到很好的教育，帮助他们形成良好的人生观和价值观。比如可以借助《狼来了》的小故事，利用贝叶斯公式，计算随着小孩每一次的说谎，山下的大人对他的信任度的降低，到第三次狼真的来了，大人对他的信任度已经非常小了，从而导致羊被吃掉。通过这个过程，不仅使学生掌握了贝叶斯公式的计算，也使学生认识到说谎的代价和诚信的重要性。

11.1.5 应用时间序列分析

在应用时间序列分析课程中，结合马克思主义的发展观，告诉学生应该以发展的眼光看问题。一切事物都是处在不断发展变化之中的，而不是静止不变的，引导学生利用时间序列分析方法建立时间序列模型，探究事物发展变化的规律。

在应用时间序列分析的教学过程中，可以通过一些案例教学来展示数据的魅力，并融入课程思政元素。比如，可以通过横向和纵向比较近几十年来我国和其他经济发展强国的经济数据（如 1960～2020 年的 GDP 数据），展示我国近几十年来所取得的伟大成就，使学生认识到，改革开放以来我国经济建设的快速发展使得我国一跃成为在经济总量上仅次于美国的世界第二大经济体，这得益于中国特色社会主义制度的优越性和中国共产党的正确领导，以此激发学生的爱国主义热情，坚定其社会主义信念。

此外，可以让学生自己搜集一些类似的数据，然后把数据以动态化的图形展示出来。此过程能够让学生学会如何实现数据的动态可视化，制作可视化的动态图形，把枯燥和繁杂的数据转化为精美的图画或动态视频，使得数据的表现形式更为直观和有说服力，可以有效地提高大家的学习积极性。

11.1.6　多元统计分析

在多元统计分析课程中，可以介绍我国著名统计学家许宝騄先生在数理统计和多元统计领域所取得的举世瞩目的研究成果，以及许宝騄先生放弃国外优越的待遇毅然回国工作，奠定了我国概率论与数理统计学科的基础，并为之付出了毕生精力的爱国行为。

另外，主成分分析和因子分析反映了透过现象看本质的马克思主义哲学思想。聚类分析和判别分析可以告诉我们：从纵向来看，我国近几十年的飞速发展，取得了举世瞩目的成就；但从横向来看，我国还处在社会主义初级阶段，还属于发展中国家，实现中华民族伟大复兴的中国梦还需要每一个中国人的努力。

再比如，描述性统计绘出自然和人类的画像，告诉学生祖国经历的沧桑巨变和近几十年来的辉煌成就；参数估计中的点估计和区间估计告诉学生精益求精、力求准确的品质；假设检验研究去伪存真，培养学生追求真理的思维，给各个学科提供证伪的思想方法。经济统计学展示了国家社会经济发展历程、改革开放的伟大成就、国际局势的错综复杂，通过国际横向比较，师生共同建立中国特色社会主义道路自信、理论自信、制度自信和文化自信。

11.1.7　大数据分析等课程

在大数据分析、机器学习、人工智能等课程中，给学生介绍大数据时代给统计学带来的巨大机遇和挑战，并深入分析机器学习和统计学之间的关系，揭示统计学是大数据分析和机器学习的理论基础，建立学科自信。统计学科的发展因为大数据时代的来临，迎来百年未有之大变革，具有更为广阔的发展前景，作为统计人，应该做出我们自己的贡献。

向学生介绍我国在大数据研究和应用领域取得的重要成果，讲解人工智能及机器学习在我国科技强国战略中的重要地位，以及大数据技术在机器人研发、智慧城市建设、神九飞天、蛟龙入海、抗击新冠肺炎疫情和精准医疗等方面发挥的重要作用。在知识讲解中融入课程思政元素，使学生厚植爱国情怀，强化责任担当，努力为科技强国贡献自己的力量。例如，通过讲解在抗击新冠肺炎疫情中应用大数据技术搜集、分析疫情数据，助力防疫物资生产、人员流调、防护措施决策等实际案例，增强学生努力学习、为科技强国贡献力量的决心。

在此基础上，进一步引导学生关注更多大数据技术在社会民生问题中的应用，比如精准医疗、在线学习、人脸识别和智慧城市等，引导学生了解我国在抗击新冠肺炎疫情中所展现的中国力量、中国精神、中国效率充分证明了中国共产党领导和中国特色社会主义制度、中国国家治理体系具有强大生命力和显著优越性。

此外，还可介绍一些大数据技术应用的反面案例，比如一些电商平台利用平台收集的海量用户信息和数据，对客户进行精准识别和归类，通过向消费能力高、消费意愿强的用户展示更高的价格赚取更多利润，同样的商品或服务，老客户看到的价格反而比新客户要贵等案例。把这些问题纳入课程案例库，根据课程内容在不同阶段引入，让学生展开自由讨论和汇报，以公平公正的态度、辩证的思想处理和看待社会经济问题，有助于学生树立正确的世界观、人生观和价值观。

11.1.8 结束语

深入挖掘每一门课程中的课程思政元素，把课程思政融入知识点中，做到你中有我、我中有你，思政元素和课程知识点同向同行，形成灵与肉的关系。通过课程思政教育，使学生在学习专业知识的过程中，接受爱国主义教育和正确世界观、人生观、价值观的培养，从而培养具有优秀的思想道德品质和扎实过硬的专业本领的高素质、复合型的统计人才。

如何深挖专业课程中蕴含的思政元素，真正做到思政教育与专业课程有机融合，是数字经济时代统计学专业人才培养面临的新的重大课题，需要广大统计学专业教师认真思考，潜心钻研，与时俱进，长久探索。

11.2　案例二：统计学专业课程“思政嵌入点”案例分析

案例说明

加强课程思政建设是高校践行立德树人目标的根本要求。本案例从立德树人出发，积极挖掘统计学专业课程“思政嵌入点”，将其与专业课进行“嵌入式”设计。通过专题案例，从增设课程思政目标、融入统计学发展史、结合科学研究活动、结合统计实践、立足国情等五个方面嵌入思政教育目标，达到课程育人、思政育人的目的，探索统计学专业课程思政教育的有效方式。

11.2.1　增设课程思政目标，嵌入辩证唯物主义、实事求是等科学态度

在讲授数理统计课程的“频率与概率”有关内容时，增设课程思政目标：通过频率的稳定性，加深对对立统一性的认识。教学实施过程中，改变以往观念，即误认为内容简单朴素便一带而过，而应当强调：频率是个试验值和经验值，具有偶然性，可能取多个不同值；概率是客观存在的，具有必然性，是唯一值。当试验次数较少时，频率与概率偏差较大，体现为对立性。但是当试验次数很多时，就会发现频率稳定在某一常数附近，这个常数为事件的概率，反映出统一性。这体现了唯物主义辩证法中的偶然性与必然性的对立统一。

在讲授数理统计课程的“假设检验”有关内容时，增设课程思政目标：通过 p 值理论，体会看待问题不可绝对化，领悟用联系的、发展的观点看待事物的唯物辩证法思想。在教学实施过程中，先给出假设检验的基本思想和具体步骤，明确 p 值的含义，同时引申出 Amrhein 等（2019）三位科学家在国际顶级学术期刊 *Nature* 官网上发表题目为《科学家们起来反对统计学意义》（“Scientists Rise Up against Statistical Significance”）的文章，反对滥用 p 值。这可能让学生迷惑，但这就是事实。假设检验是合理的、重要的统计推断方法，但这一理论一方面告诉你推断的结论，另一方面告诉你检验可能犯错误。因为世间万物能被绝对肯定或绝对否定的事件是少之又少的，如果苛求获得一个百分之百正确的结论，那或许什么都得不到。这一事实启发同学们要用联系的、发展的观点看问题，思想上避免偏执一端。

在讲授应用时间序列分析课程的“平稳多元序列建模方法”相关内容时，增设课程思政目标：时间序列分析是动态分析，即主张用动态的、发展的、联系的、全面的观点看待事物，引导学生坚持唯物辩证法，尊重规律，与时俱进，坚持解放思想与实事求是的统一。在教学实施过程中，可以利用不同图示向同学们展现我国改革开放以来在经济、环境、社会民生等方面所取得的辉煌成绩，以统计数据为媒介，以图表为载体，透过一张张直观的、生动形象的图片，让同学们感受到中国共产党人的初心和使命，以及改革开放以来中国共产党团结带领全国各族人民战胜各种艰难险阻取得的丰功伟绩；向同学们讲解和解释清楚每一个统计数据的变化背后所蕴藏着的是我国在实现中华民族伟大复兴中国梦的进程中所做的每一点努力；提醒同学们通过统计数据可以预见我国未来的发展前景，描绘发展蓝图。这不仅可增强同学们投身建设社会主义现代化强国的伟大事业的热情，而且还可激发同学们与时俱进、奋发图强、不畏艰难险阻的精神。

在讲授应用时间序列分析课程的“对时间序列数据进行统计建模和预测”相关内容时，增设课程思政目标：具体问题具体分析，培养学生具体问题具体分析的科学态度和精益求精的工匠精神、百折不挠的拼搏精神。在教学实施过程中，通过平稳时间序列的讲解，探讨适合统计模型的选择，引导学生具体问题具体分析，反对形而上学。同时，带领学生反复拟合曲线，反复修改完善模型，培养学生精益求精的工匠精神和百折不挠的拼搏精神。

在讲授试验设计课程的“均匀设计”相关内容时，增设课程思政目标：通过学习均匀设计法的诞生、发展、特点和广泛应用，深刻体会理论与实践相结合的辩证思维。在教学实施过程中，指出均匀设计是继 20 世纪 60 年代华罗庚先生倡导、普及的优选法和我国数理统计学者在国内普及推广的正交法之后，于 70 年代末应第七机械工业部飞航导弹火控系统建立数学模型并研究其诸多影响因素的需要，由中国科学院应用数学研究所方开泰和王元先生提出的一种试验设计方法。均匀设计是统计试验设计的方法之一，它与其他的许多试验设计方法，如正交设计、最优设计、旋转设计、稳健设计和贝叶斯设计等相辅相成。均匀设计法的诞生是应国防科研实践的需求，由我国科学家潜心研究、开发的，来自实践，又应用于实践，实践促进研究，研究又进一步指导实践，理论研究与实践应用相辅相成，互为依存、互相促进，创造更大的效益（方开泰和李久坤，1994）。

11.2.2　融入统计学发展史，嵌入大师的科学精神和爱国情怀

统计学专业开学第一课中一般都会介绍该学科的起源、发展及其应用。统计学界无一例外地会介绍中国在概率统计方面研究的先驱者——许宝騄先生。许宝騄先生是著名数学家、我国概率统计学科的主要奠基人（陈家鼎和郑忠国，2010）。许宝騄先生在强大数定律、参数估计理论、假设检验理论、多元分析等方面都取得了卓越成就，并且是中国公认的多元统计分析的奠基人之一。他曾在英国伦敦大学学院留学并任教，但他心怀祖国，学有所成后就决心回国效力。许先生在北京大学举办了国内第一个概率统计讲习班，为我国培养了一批概率统计学教学和科研的人才。在教学中，可以展示《许宝騄文集》（许宝騄，1981），以反映许先生的学术成就，也反映他追求最高学术标准的科学精神，这种科学精神正是当今教育界、科学界特别需要的。通过对许先生这些生平和学术成就的简短介绍或让同学们组团队查阅许先生生平和学术成就可增强同学们对许宝騄先生的崇敬和仰慕之情，树立排除国外重重阻挠为祖国鞠躬尽瘁的献身祖国和人民的精神。

学习和应用统计，离不开服务地方经济。云南大学原校长王学仁教授以立足云南、服务云南、扎根应用统计研究作出很好表率（唐年胜，2016）。王学仁教授始终坚持理论与实践相结合，以云南社会发展和经济建设中的急迫问题为课题，以国内外统计学的最新发展为目标，组织教学、科研和人才培养，亲自带领团队走遍云南的 20 多个厂矿和企业，向工人和工程技术人员学习，熟悉专业知识，吃透实践的关键技术，收集第一手数据，运用数学和统计学的理论和方法解决云南工业、农业、人口、经济、公安、毒品、艾滋病、煤层气等领域的实际问题。自 20 世纪 70 年代以来，王学仁教授坚持深入云南矿区，结合我国地质特点，运用多元统计分析的理论和方法从事地质找矿研究，把数学与地质结合起来，建立了一套“数学地质”的理论和计算方法，被誉为我国“数学地质”的创始人之一（王学仁，1997）。中国改革开放和社会主义现代化建设新时期的丰富实践是理论和政策研究的“富矿”。理论源于实践，时代课题是理论创新的驱动力。王学仁教授把实践经验上升为系统化的理论学说，把论文写在祖国大地上。王学仁教授走的是中国广大知识分子应走的道路，挚子爱国为民，可敬可佩。

在统计学专业课程中，可增设课程思政目标：了解我国统计学发展史，尤其通过中外统计学发展史的比较，通过对许宝騄、王见定、王学仁等优秀统计学家热爱祖国、兢兢业业工作的光荣事迹的学习，为同学们树立先辈榜样，增强其爱国主义情怀。教学中，可丰富人物形象，讲好中国人的好故事。一个有希望的民

族不能没有英雄，一个有前途的国家不能没有先锋。学科发展亦是如此。

11.2.3 结合科学研究活动，嵌入严谨、求精和创新精神

在统计理论学习中融合科学研究活动，是培育学生严谨的求学与治学态度，提升道德素养的有效途径。

在讲授抽样调查课程的“统计调查”“数据整理和编制”等内容时，增设课程思政目标：对数据进行统计分析时，充分运用所学方法，不歪曲数据特征，不误导读者，实事求是，培养耐心细致的工作作风和严肃认真的工作态度。教学实施过程中，在学生学习统计调查与数据整理和编制部分、在实践练习遇到大量的数据的时候，教师提醒学生在开展与统计相关的工作时，如质量管理统计、环境统计、国民经济核算等，不仅依赖法律的规定，也需要道德的约束。在统计活动中，从业者一定要坚守本心、诚实守信，坚持规范数据采集、审核、整理、上报等行为。如果不具有良好的职业道德修养，就算业务水平再高，也不能保证统计数据的真实可信。所以，一个优秀的统计学者不仅兼具理论性与实践性、方法性与思想性，而且要具有规范性与批判性、自发性与自律性。通过本环节教学，使学生明确统计素养包括能力与德行两个方面，懂得每个人的生活都是由一件件小事组成、养小德才能成大德的人生道理。

在讲授统计计算课程的实验课时，增设课程思政目标：以计算机及其统计软件为工具，培养学生能用所学统计知识去解决实际问题的能力，培养处理数据的精益求精的工匠精神和勇于创新精神，提升统计素养。教学实施过程中，在讲解统计图表的绘制时，插入我国统计部门和地方统计机构在进行统计报告撰写、统计数据整理和展示时所体现出的工匠精神、创新精神。比如，在用图表展示数据时，不仅仅能使用基本的图表描述数据的信息，还能够运用一些数据可视化的技巧，将技术与艺术完美结合，借助图形化的手段，更清晰、灵活、有效地反映数据信息。鼓励学生在统计数据整理方面，多了解数据整理的先进手段，如 CVX 软件包在统计实验教学中的应用，课外努力学习钻研常见的 Excel 办公软件、SPSS 统计软件、R 软件等，处理数据分外小心，精益求精，臻于至善。

11.2.4 结合统计实践，嵌入实事求是精神，增强社会责任感

在讲授试验设计课程的“方差分析”内容时，增设课程思政目标：通过试验设计和对试验结果的方差分析，将试验设计和方差分析方法应用于解决实际调查

问题，提高学生理论与实践相结合的能力，培养其认真负责、实事求是、一丝不苟的科学精神和社会责任感。教学实施过程中，布置教学实践环节：针对统计调查问卷的设计和统计调查活动的开展等问题，布置不限主题的统计调查作业，引导学生立足社会现实问题选择研究课题，如居民对雾霾天气的看法，市民出行闯红灯现象，家长对公私立幼儿园的满意度，大学生对网贷、直播、网购等的态度，大学生使用手机情况，大学生课外体育锻炼情况，共享自行车使用情况等，涉及社会、日常生活多方面。调查和分析过程中，一直提醒和引导学生带着社会责任感去关注数据背后的故事。

在讲授概率论与数理统计课程的“抽样分布”内容时，增设课程思政目标：通过典型样本与随机样本的比较分析，提高学生明辨是非的能力，对统计滥用的现象进行科学分析，传播正能量。教学实施过程中，启发同学们发现并列举出身边用典型样本代替随机样本，得出误导性结论的事例。针对样本数据的数量对数据分布形态的影响，同学们纷纷列举出现在离不开的微信朋友圈、微博、QQ 群等通信和信息获取工具中发布的误导性信息，师生一起分析评判。最后，大家一致认为：在畅通互联的今天，经常有看似有理，实则用非正常样本代替总体推断的负能量文章迅速传播，需要学生牢固树立正确的世界观、人生观和价值观，认清善恶、明辨是非。通过案例分析，学生深切意识到自己有责任也有能力运用专业知识对观点偏颇、统计滥用的现象进行科学分析，找出其问题所在，厘清错误，传播正能量。

在讲授多元统计分析课程的“主成分分析”内容时，增设课程思政目标：通过主成分降维，训练对实际问题的处理和分析能力，提高对社会的客观认知，坚定责任意识和主人翁意识。教学实施过程中，为了让学生切实感受所在城市的经济发展历程，布置课后实践作业，让学生参观当地档案馆、博物馆，深入了解当地历史，感受所在城市的发展变化以及老一辈吃苦耐劳、无私奉献的精神。然后以历年来城镇居民平均每人购买粮食、鲜菜、食用植物油、猪肉、牛羊肉、禽类、鲜蛋、水产品、鲜奶、鲜瓜果、酒和煤炭商品的数量为研究变量，引导学生对变量进行初步探索，构建综合变量体现城镇居民生活水平的提高，对多个变量进行降维，找到主成分，体会政府在民生问题上的思考与付出。同时，注意在引入案例时聚焦时事焦点，如在关于环境污染方面的具体教学案例中，先共同探讨环境污染对人类造成的伤害，再运用课程中的统计模型分析数据。不仅案例分析的结果能够给环境保护等相关部门提供一定的决策参考，案例分析过程还能培养同学们对其他生命的同情和关心意识，提高对社会的客观认知、责任感，增强法制观念，把自己与世界的联系变得更加紧密。这种教学方法既锻炼了学生对多元统计方法的应用及对实际问题的处理分析能力，又能通过在课堂上的思考与讨论，使学生自觉提升思想观念、道德修养与法律素养。

11.2.5 立足国情，嵌入“四个自信”

在一些统计学专业课程的教学内容选取上，注重我国社会经济数据，立足实际和迫切的现实要求，并比较国内国外的相关数据，实事求是地肯定我国建设发展取得的伟大成就，为祖国发展感到骄傲，增强“四个自信”。

在统计数据整理部分介绍指标计算和应用时，关于总量指标和相对指标，引用并分析 1978 年我国改革开放以来的社会经济指标，发现我国经济在数量上一直高速增长，在数据结构上：第一产业比重下降，第二、第三产业比重上升；国民经济总量增长从主要由第一、第二产业带动，转为主要由第二、第三产业带动，第二产业的增长构成了中国经济高速发展的主要动力。在整体产业结构变化的同时，各产业内部的结构也发生了较大的变化。在农林牧渔业总产值中，纯农业产值比重下降，林牧渔业比重上升；在工业内部，轻重工业结构正逐步由偏重“消费补偿”的轻型结构，向“投资导向”的重型结构升级；在第三产业内部，交通运输业、商业等传统产业比重下降，房地产业、金融保险业、电信业、咨询服务业等迅速发展。同学们讨论热烈，为祖国繁荣、民族强大而骄傲的民族自豪感溢于言表。有的同学就会思考欧美发达国家的这些社会经济指标怎样。此时，老师的引导和学生的好学碰撞出了课外延伸的火花，老师告诉同学们，这节课的课后作业就是分小组查找近十年美国、英国、日本等发达国家和与我国国情相似的发展中国家的社会经济指标，进行对比分析。课下同学们积极性很高，分工合作查找了八个国家的社会经济指标数据，在第二次课课前大家基于数据进行对比分析和热烈讨论，得到了高度一致的结论，具体如：中国经济发展速度创造了世界奇迹；中国为全球经济发展做出了巨大的贡献；中国的社会经济发展变化巨大，在中国共产党的带领下，人民生活水平显著提高，2016 年国民恩格尔系数为 30.1%，接近国际组织规定中的“富裕”标准，等等。这些结论让同学们充满了自豪感，对中国梦的实现充满了自信心，爱国主义热情高涨。在讨论中，老师进一步引导学生分析中国为什么能取得这些成就，尤其是与欧美国家的对比，同学们一致认为是我们的制度，更加坚定了“四个自信”，民族自信、民族自豪感爆棚。这节课令人印象特别深刻，课程学习既让同学们深刻理解总量指标和相对指标的含义，了解国家经济发展动态，还让同学们为祖国发展而骄傲，一定程度上有助于激发同学们为祖国做贡献的使命感和责任感。

在讲授应用回归分析课程的“多元线性回归模型”时，可引入“以行业作为自变量做多元线性回归的国际旅游外汇收入问题研究”案例，让学生真切感受到数学模型在解决实际问题中有着显著的成效，培养学生活学活用的能力。同时，要引导学生深入挖掘案例背后的文化内涵。结合案例来说，要让学生明白：国际旅游外汇收入是国民经济发展的重要组成部分，社会因素、自然因素都是影响我国旅游外汇收入的重要因素。针对该案例中提到的国际旅游外汇收入，教师在教学过程中可引申到旅游与文化输出，体现国家文化软实力，要在案例讲授中融入历史观、文化观、民族情怀与自信等元素，弘扬中华优秀文化，引导学生树立文化自信。

在讲授统计学概论课程的“指数的构建”时，从“两山”指数、人类发展指数的案例导入，以习近平总书记关于“绿水青山就是金山银山”的科学论断为指导，引导学生理解经济发展与环境保护之间的辩证统一关系，关注绿色发展，注重人与自然的协调发展；并通过指数数据，认识我国经济发展的进程，了解中国特色社会主义的发展及其优越性，培养爱国主义情怀。通过指数分解案例的讲解，鼓励学生研究中国问题，认识中国国情，注重理论与实践相结合，具备应用统计方法和经济理论分析、解决某一领域实际问题的能力。

11.2.6　结束语

结合统计学专业课程的特点，在教学各个环节匠心独运，以嵌入方式将思政教育各个要点融入课堂，以学生喜闻乐见的方式开展教学，是课程思政改革的较好尝试。思政嵌入点的设计和课堂运用是新时代对教师的新挑战，需要教师孜孜以求，以待后期挖掘更多思政元素，找寻更多思政嵌入点。

11.3　案例三：概率论与数理统计课程思政教学案例

📖案例说明

本案例立足概率论与数理统计的课程特点，结合高校开展课程思政建设的宗旨，以“立德树人”“三全育人”理念为指导，从学科历史和课程知识点角度探讨如何挖掘概率论与数理统计课程思政元素，以及如何在教学过程中融入思政元素，对学生进行科学价值引领和正确世界观、人生观、价值观渗透的思考和做法。

课堂教学是育人的主战场。在具体课堂教学过程中实现立德树人这一高校育人根本目标，需要从课程特点、教学内容和教学组织实施等方面认真思考，不断创新。

11.3.1 概率论与数理统计课程的特点

统计学专业的概率论与数理统计课程通常分为概率论和数理统计两部分。概率论是研究随机现象统计规律的一门分支学科，随机现象的普遍性使得概率论不仅在传统的社会科学、自然科学、工程技术、工农业生产等领域有着广泛的应用，同时也成了当今许多新兴学科如保险精算、人工智能、云计算与大数据分析的理论基础。概率论的基本内容包括随机事件与概率、随机变量及其分布以及大数定律与中心极限定理等。数理统计在社会科学、经济学、工农业生产、自然科学以及医疗卫生等诸多现实中有着广泛的应用，该课程的主体内容包含统计量、三大分布、参数估计、假设检验、方差分析与回归分析。其中，统计量、三大分布和参数估计是后续的理论基础。该课程的基本要求是能够对相关数据进行统计分析和应用。

在大学阶段，概率论与数理统计课程具有如下特点。

（1）基础性强。一方面，课程研究的问题比较直观，相当多的问题直接来自现实生活实际。另一方面，概率论与数理统计课程是学习统计学、随机过程及计量经济学等后续课程的基础，同时也是培养学生运用随机方法分析和解决实际问题能力的重要课程。

（2）概念较多。这两门课程与数学分析等基础课程联系密切。概率论对随机现象的数学化处理的一个重要方法就是引入了随机变量，从而将研究的对象转换为相应的函数，如分布函数、密度函数、特征函数以及其他相关的函数，进而能够极大化地分析处理相应问题，例如，可利用极限、收敛、积分以及其他相应方法对函数进行计算和积分。

（3）实践性和操作性强。课程的理论和实际联系密切，许多知识点都可以跟实际问题相联系，现实生活和社会经济发展问题中也有大量各种类型的数据可提供给同学们应用概率统计理论和方法进行数据分析和挖掘以及数据解读。依托计算机技术，课程教学可充分运用相应的统计分析软件（如 Matlab、R 软件等），且可给同学们提供上机操作的机会。

上述特点为挖掘课程中的思政元素提供了较为丰富的素材，便于在课程教学中把马克思主义的立场、观点和方法的教育与科学精神的培养结合起来，提高学生正确认识问题、分析问题和解决问题的能力，培养学生精益求精的科学精神以及正确的世界观、人生观、价值观，激发学生科技报国的家国情怀和使命担当。

11.3.2　概率论与数理统计课程中思政元素的探索与实践

1. 结合学科历史，树立文化自信，培养科学精神

为了培养学生的“四个自信”，讲授概率论与数理统计课程，教师应当先介绍这一学科的发展历程，让学生了解这一学科的发展史以及发展进程中的一个个难题是如何被破解的。一方面，讲授课程简史能让学生对课程的基本内容、背景、应用及知识之间的联系有所了解，对整个学科有一个宏观系统的认识；另一方面，讲授课程简史能培养学生的科学观，培养学生用哲学的认识论和方法论来科学地看待世界。课程简史能让学生认识到：知识是不断变化发展的，要学会用运动变化的观点来研究事物；要学会用批判的观点来看待身边的事物，擅于发现问题、提出问题；科学研究也需要勤奋与毅力。更重要的是，课程简史讲授中应着重介绍国内概率统计方向优秀专家学者的科学精神和家国情怀，将其自然融入课堂，让学生感受到先辈学者们严谨治学、孜孜不倦、献身科学的精神（崔小云，2019）。这些都是很好的思政元素，既能使学生树立文化自信，又能培养学生的科学精神。

2. 结合学科知识点，深度挖掘思政元素，实践课程思政教育

概率论与数理统计课程在训练和提升学生严谨的逻辑思维能力、科学的推理能力等方面的效果非常显著，同时易于贴近实际生活，在开展课程思政教学方面具有优势。

教师在教学过程中要立足课程本质，以学生为主体，引导并鼓励学生在情感、认知、思维或行为上参与互动，有效激发学生的主体作用，尽量结合实际问题或现实生活，恰当地引入实际案例，合理地设计生动的问题情境或课程思政情境。在研讨式教学中，以分组研讨等形式逐步引导学生思考并主动参与到问题的研讨中来，在这种互动解决问题的过程中潜移默化地进行思政教育，培养学生的科学

精神。这样既可以加深学生对知识内容的理解，还可以引导学生发现案例中蕴含的独特内涵，突显案例的隐性育人价值。

在授课过程中，教师不仅要注重教学的严谨性、科学性，培养和提升学生“提出问题—分析问题—解决问题”的能力，还要把解决问题的方法归纳并提升到哲学认识论与方法论的层面上来。以大学生生活中一些敏感问题，比如校园贷为例，很多学生深陷其中，无法自拔。2017 年 9 月，教育部发文明确取缔校园贷款业务，任何网络贷款机构都不允许向在校大学生发放贷款，然而校园贷却屡禁不止（孙志伟，2019）。如何对在校大学生参与校园网络贷款的比例进行摸底调查，以建立校园不良网络借贷应对处置机制？事实上，这种涉及隐私的敏感问题的调查，困难重重，大家都会尽量对其避免正面回答或者拒绝回答。那么如何巧妙地设计调查问卷，得到真实的调查结果呢？要掌握这样的方法和技能，可先从学习概率论中的一个知识点——全概率公式入手。这样，就用设问的形式引入了知识点，让学生带着问题来学。讲解完这个知识点，再回过头来解决最初提出的问题，带着学生一起来模拟对某学校在校学生参与校园贷比例进行摸底调查。

11.3.3　结束语

在“大思政”背景下，把握好“尺度”和“社会实践的切入点”，在保持专业课原有特色和独立性的基础上探索并融入概率论与数理统计课程的“思政”元素，使其与思想政治理论课同向同行，形成协同效应，循序渐进，因势利导，保障科学的“思政”，可以达到良好的育人效果。

第五篇

教学改革探索

教学改革包括课程体系、教学内容、教学方法等一系列改革活动。

课程体系是为实现人才培养理念和人才培养目标而设置的一系列具有内在知识联系的课程。根据人才培养逻辑系统关系，当教育思想、培养理念和培养目标发生改变时，课程体系、教学内容、教学方法也必定相应地发生变化。

第 12 章

统计学课程体系和教学内容改革

数字经济时代，统计学专业以培养有坚实数理基础、扎实统计专业理论、较强解决实际问题的能力，“懂数据、会分析、能落地”的复合型人才为主要目标，其课程体系设置应实现这一目标，因此应围绕人才培养目标进行课程体系改革。

12.1　课程体系改革

12.1.1　课程体系层级化、模块化

课程体系设置是随着人才培养目标和培养方案的优化而不断完善的过程。在课程质量国家标准的基础上，应紧扣数字经济时代社会经济发展对统计学人才的需求和学科定位，在人才培养目标指引下，不断修订完善。下面以云南大学统计学专业本科生课程体系改革为例，介绍其近年来适应社会经济发展需求，优化人才培养目标而不断修订课程体系的过程。

2009 年，为增强统计学专业学生解决实际问题的数据分析能力，在兼顾数学基础类、统计学基础和统计学方法的基础上，增设专业实验类课程，探索形成具有较强统计分析能力，能运用计算机语言编程实现数据分析的课程体系。

2013 年，为培养具有多领域知识的人才，适应社会发展需求，设置统计学、风险管理与精算、投资决策三个专业方向，按领域知识设置相应的课程。完善统计学、风险管理与精算、投资决策三个专业方向的课程，构建包含数学、统计学、某一领域知识、实践类四大知识模块的课程体系。

2017 年，为培养学生的大数据分析能力，增设大数据方向类课程，在专业选

修课中增加 R 和 Python 等软件，并要求在专业核心课程中采用 R 语言开展实验实践教学，强化计算机编程能力，形成统计学、风险管理与精算、投资决策和大数据四个专业方向，构建包含数学、统计学、计算机科学、某一领域知识和实践类五大类知识模块的课程体系。

2018 年，为全面培养学生的综合素质，在选修课环节增加个性化课程，包括科研训练课程、本硕博衔接课程、就业创业课程、跨专业/学科交叉课程的衔接，以满足学生的个性化发展。

2020 年，为落实"立德树人""三全育人"培养目标，推行课程思政改革，修改课程教学大纲，在专业课教学大纲中增加课程思政教学点。

至此，形成凸显以厚基础、重应用、宽领域、显个性、求创新、树品德为特色的层级化、模块化课程体系，总体包含课程平台、课程模块和具体课程三级体系。

12.1.2 课程平台全面化、多元化

课程平台包括四类：通识教育平台、大类（学科）基础教育平台、专业教育平台、拓展教育平台。各平台下分设课程模块，各课程模块中设置具体课程。

通识教育平台是学生综合素质培养类课程，包括思政课程、大学英语、语言技能与文化修养、计算机应用技能、写作、心理健康、创新创业、军事等课程模块，对学生进行德智体美劳全面素质基础教育。

大类（学科）基础教育平台包括新生研讨课和学科基础课两个模块。新生研讨课主要向新生介绍本专业的学习规划、学习要求和专业发展前景，帮助新生迅速融入大学的专业学习，缩短迷茫期。学科基础课主要培养学生扎实的数学基础，修订后的培养方案在课程质量国家标准基础上增加了机器学习作为学科基础，培养学生在数字经济环境下从事大数据分析工作的良好基础。

专业教育平台下设置专业核心课程、专业选修课程和综合实践环节三个模块，保证人才专业性培养的深度和广度。其中，专业核心课程与国家标准保持一致，并增设专业实验课程。专业选修课程体现了云南大学统计学专业的培养方向在数理统计、经济统计、生物统计、金融及风险管理统计等方面的特色，这些方向每年根据培养计划有侧重地开课。综合实践环节涵盖了学生阅读、科研、论文写作和社会实习全面实践能力的培养。

拓展教育平台设置跨学科教育、专业深度教育和个性拓展教育三个课程模块，体现高等教育的层次化和多规格化特点：对于今后立志于做数据分析实务的同学，

可以选择跨学科教育；对于倾向于继续学术深造的学生，可以选择专业深度教育；对于有应用性实践倾向的学生，可以选择个性拓展教育。

12.2　教学内容改革

根据人才培养目标和课程体系，教学内容推陈出新，在课程质量国家标准的基础上，将思政教育、机器学习、深度学习、人工智能、区块链等新知识、新方法、新技术融入统计学教学内容，赋予具体课程以时代性和前沿性。具体包括以下几个方面。

（1）加强学生的综合素质教育，增加德育类教学内容，开发课程思政元素。

（2）在基础课程模块中，为夯实数理基础，在高等代数、数学分析、概率论基础上，增加实函与泛函分析、测度论及机器学习等教学内容。

（3）在专业核心课程和选修课程中，增加随机过程及实验、描述统计与探索性数据分析及实验、贝叶斯统计、大规模数据处理、因果推断、深度学习、数据查询语言 SQL、风险管理等教学内容，强化统计思维，提升统计理论水平和方法应用能力。同时，紧跟社会经济发展新需求，在教学中讲授人工智能、区块链等新知识、新方法、新技术。

（4）教学计划中明确提出强化某一领域（如经济、金融、保险、生物、医药、旅游、临床医学等）知识的掌握，并设置跨学院选修课计划，增加学生的跨领域知识学习。

（5）增加以阅读计划、学术讲座、科研训练、技能考证、个性化培养等为内容的第二课堂教育。

有关云南大学统计学、数据科学与大数据技术本科专业的具体培养方案参见附录一、附录二。

第13章

教学方法改革思路、实践与机制

教学活动是遵循教育规律，实现特定人才培养目标，有计划、有组织的教与学的活动，是“教师教的活动和学生学的活动”的总和，包括讲授、启发、演示、讨论、练习、实验、实习、自习、考核等环节。教学方法就是教学活动的具体实施方法，即如何教和如何学的具体方法。

教学方法是以某种教学思想为指导，根据一定教学目的和特定教学内容，在教学过程中使用的一系列方式、方法、步骤、手段和技术。自教学活动诞生以来，就有相应的教学方法。根据教师素养和学生特点不同，教学方法可以呈现出多种形式，具有较为强烈的个性化色彩。因此，教学方法是一个系统，包含古往今来众多教育家探索出的各种具体教学方法类型，例如发现教学法、言语讲授教学法、掌握学习教学法、问题教学法等等，而在这些方法类型下，又可以探索更为具体的实施方式。随着社会需求的变化，不断有新的方法进入教学方法这个系统，也不断有不适宜的方法退出实践，因此，教学方法系统总是处于动态优化的过程中。

13.1 统计学人才培养教学方法改革思路

13.1.1 总体思路

数字经济时代，为适应大数据对社会各领域的重大影响，社会需要具有持久学习能力的数据分析人才。新的人才培养理念、人才培养目标和不断优化的课程体系及教学内容，对具体的教学方法也提出了更高要求：要特别重视培养学生的终身学习能力，以此为宗旨推动教学方法的改革。因此，教学方法改革的总体思路是：以问题导向式教学为基本模式，创新具体教学方法，建设数字化教学资源，采用先进教学技术和手段，提升学习效果，培养学生的自主学习能力和创造能力。

以培养学生自主学习能力为中心的教学模式应该是问题导向式的。根据前面的论述，大数据分析人才应是复合型人才，需要具备多种领域性知识，需要进行学科交叉学习。同时，信息化时代知识爆炸性增长，新旧知识更新换代极快，学生在大学阶段所学知识有限，因此，具备快速自主学习能力极其重要。大学教学不仅仅是传授知识，更应以培养学生的自主学习能力和独立思考能力为主，与传授知识的讲授法相比，问题导向式教学法更能激发学生的学习愿望，使其获得更好的学习效果，是培养学生自主学习能力的一种重要方法，也是培养交叉复合型统计学人才的优选教学方法。

问题导向式教学以问题为导向，以解决特定问题带动学习过程，达到掌握知识的目的。“掌握知识”的过程从教师设置教学活动的问题开始，由问题引发求知动力，促进学生通过自主学习去发现知识，习得技能。这是与传统讲授法的本质区别，讲授法的“掌握知识”过程从向学生讲述现成知识开始，学习动力是外在的，不易激发大多数学生思维的能动过程。根据思维心理学的观点，思维的能动过程表现为对新事物的发现和探索，即思维的创造性过程。问题教学法能将外部学习驱动内化为学生的内在学习动力，能够在学生的主动探索中形成思维能动过程，非常有助于培养学生的主动学习能力和创造能力。

13.1.2　问题导向式教学的基本模式

问题导向式教学法是一系列具体以问题为导向教学方法的总称。2000 多年前中国的教育学家孔子在讲学时采用的启发式教学方法，以及希腊哲学家、教育学家苏格拉底著名的“助产术”教学法，都可看成是问题教学法的早期萌芽形式。至 19 世纪早中期，以美国实用主义哲学家、教育学家杜威为代表，问题教学法发展为一种教育流派。

多年来，教育者一直在探索关于问题导向式教学的具体实施方法，先后出现如自主学习法、“觅食式”教学法、任务驱动法、雨课堂、翻转课堂等多种教学方法。这些方法的共同之处是，它们都是在教师引导下，以“提出问题→探索问题→解决问题”的过程进行学习，其核心内容都是以教师为主导。创设以学生为主体的问题探索行为是问题教学法实施的核心。以问题为中心，通过发现问题、解决问题、检验问题完成知识的学习和掌握，尽管强调突出学生的自主学习过程，但是教师的主导作用未减弱。

依据现代心理学关于思维过程的逻辑程序“提出问题→探明问题→提出假设→检验假设”，以及杜威的五步教学法“创设疑难的情境→确定问题→提出假设→推理→验证”，构建问题导向式教学的基本教学模式：通过创设问题情境，抽取待解决问题，根据已有知识设想解决办法，学习新的知识去寻找问题答案，验证问题答案，最终获得新知识。主要环节如图 13.1 所示。

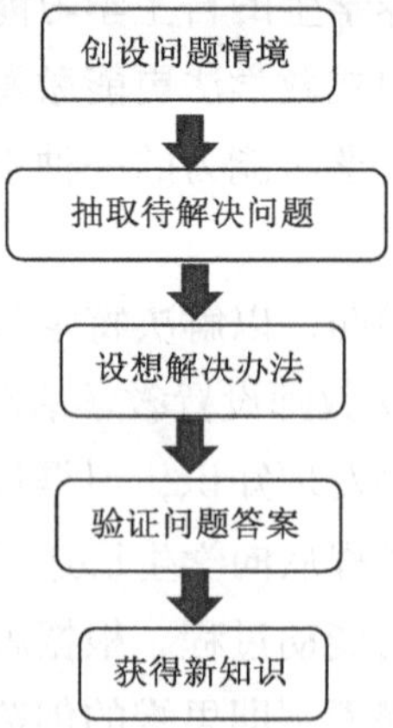

图 13.1　问题导向式教学基本模型

问题导向式教学基本模型通过学生主动探究问题，自动将新知识纳入已有知识体系完成新知识的学习，这个过程是最为贴近人类学习本能的一种科学思维模式。

创设问题情境是通过各种方式设置产生问题的环境，产生急需解决的问题。在这个环节，本科阶段，以教师创设问题为主，硕士阶段以教师引导学生创设问题为主，博士阶段由学生自己创设问题。设想解决办法时，本科生由教师提供有关资料，硕士阶段教师引导学生进行研究，博士阶段由学生独立研究，整理出解决问题的方案，最终学生在教师指导下检验方案的正确性，并提出新的问题，进行新一轮的问题解决过程。

在问题导向式教学中，教师的主导位置非常重要。学生的自主学习过程由教师主导，教师是问题的创设者、学习的组织者和研究的导引者，是学生自由飞翔风筝下的那根线。

13.2　教学改革实践探索

13.2.1　以翻转课堂教学模式创新问题导向式教学方法

根据不同层次学生认知水平的差异，教师教学风格，以及不同教学目的、教学内容，问题导向式教学的基本模式在实践中可以采用更多个性化的教学实施方式。例如，启发式讲授、小组学习、自主学习、“觅食式”学习都是具体方式。当前信息化技术发展催生了许多新的教学方式，其中影响比较大的是翻转课堂。

翻转课堂自 21 世纪初从美国的大中学逐渐形成后，随着在线教学资源的发展，目前在中国高校产生了较大影响。它的基本做法是：让学生提前以看视频、看导案等方式自己学习知识点，教师在课堂上主要进行问题辅导，开展学习交流。这种教学方式颠倒了教师和学生在课堂上的位置，把教师讲授转变为学生讨论，教师变为导师，突出了学生自主学习的主体地位，挖掘了学生的学习潜力，加强了学生的学习驱动力，使得所学知识记忆深刻，确实显示了比被动学习更高的学习效率。

翻转课堂是一种很好的问题导向式教学方法，问题情景的创设和问题抽取是影响翻转课堂教学成效的重要因素。学生在课前可以通过大量观看微课、MOOC视频等在线学习资源，学习新知识，去寻找问题的解决方案，教师在课堂上通过辅导、纠偏，帮助其检验问题答案，充分理解并内化新知识。

实践中，翻转课堂教学对师生都是极大的挑战：第一，挑战学生的自觉性。课前学习没有人监督，学生观看视频容易走偏，容易过于依赖在线课程，以视频取代教师；课堂上，若学生不主动特别是若不发言不提问，难以获得教师的指导，学习效果难以保证。第二，挑战教师的综合素质。翻转课堂并不是削弱教师的作用，而是给教师提出了更高的要求，要求教师对知识有更高更深的把握，对学生的问题有敏锐的及时洞察能力，对学生的学习有引领性，有课堂组织能力、视频的制作和选择能力等等。上述能力不足的教师，是不能够驾驭翻转课堂的。

实际上，与传统课堂教学相比，教学翻转课堂要求师生付出更多的教学时间。

实施好翻转课堂教学，需要具备如下条件：①教学单位有充足的数字化教学资源；②教师专业知识强，综合素质高；③教师掌握先进教学技术和手段；④实施小班教学，以便于教师能顾及所有学生。

13.2.2　建设数字化教学资源

数字化教学资源是指经过数字化处理，可以在多媒体计算机上或网络环境下运行的教学资源。具体包括建设数字化教材、多媒体课件库、案例库、习题库、视频资源库、微课、MOOC 等网络课程，以及数字化图书馆等。

数字化教学资源具有共享性、多样性、互动性、便携性等特点，是教育信息化的体现，有助于改革教学方式，提升教学效果。例如，数字化教材可以通过文字、图片、音频、视频的辅助和交互性体验，将学习过程生动化、形象化，大大提高学习者的学习体验。

13.2.3　充分利用以雨课堂等为代表的先进教学技术和手段

随着教育信息化的发展，教学技术不断进步，教学技术已经从黑板粉笔+教科书发展到白板、电子交互屏、PPT、多媒体课件，从实体课堂发展到虚拟课堂。因此，现代化教育应尽可能利用计算机技术、数字多媒体音像技术、网络技术、人工智能技术等改造传统课堂。比如，充分利用雨课堂、腾讯课堂等，打造智慧课堂。用虚拟仿真技术改造传统实验室，打造虚拟仿真实验室。

13.3　教研室：教学改革的机制保障

13.3.1　教研室的基本职能

教研室是教学研究室的简称，根据顾明远所著《教育大辞典》的记载（顾明远，1998）："中华人民共和国建立初期，高等学校设教学研究指导组（简称教研组），为教学基本组织。后改设教研室。20 世纪 80 年代后期在某些学校撤销，改设其他形式的教学、科学研究基本单位。"后称教研室。

教研室是教师以群体形式组织化进行教学方法研讨、开展教学、科研交流活动，以提高教学水平的教学、科学研究单位。高等学校的教研室一般以专业或专业方向为单位设置，隶属于系，也有的直属于学校，是大学的基层教学单位。

高校教研室是教学实施和教学管理实体，通过发挥教学规划、教学组织、教学研究以及其他职能等职能，承担高等教育人才培养的具体实施工作。

教学规划职能：制订人才培养方案，拟订各学期教学计划。

教学组织职能：组织编写教学大纲、教学周历，执行教学计划，编写或选用教材，开展教师教学质量评价。

教学研究职能：组织研究、讨论、交流，改进和提高教学工作质量，开展科学研究工作，开展学术交流活动。

其他职能：开展教师进修、研究生培养、实验室与资料室建设等工作。

13.3.2　如何发挥教学研究职能，促进教学改革

教研室在促进教师教学方法研究和提高教学技术方面能发挥多大的作用？有学者认为，教研室应主要“将工作重点放在院系层面教学组织和教学研究上，聚焦于与专业紧密结合的学科教学法探索上”（洪志忠，2016）。这意味着，在教师从事教学法研究改革活动中，教研室能发挥其独特优势促进教师教学技术进步并有效开展教学改革，表现为如下几个方面。

1. 建立长效学习机制

教研室处于教学组织的最基层，其活动主要从制订和修订教学计划、编写教学大纲、编写教材讲义、开展课程教学讨论、研究教学法等方面开展。这些内容紧扣日常教学的各个基本环节，合作研讨之后的成果往往直接在课堂教学中加以实践，对每一位教师的教学行为产生直接影响，改进其教学质量。因此，可通过建立教研室的制度化、学科化、常规化学习机制，有效促进教师自身发展。

2. 建立教师新型合作关系

教研室给教师之间的合作学习提供了组织和制度安排，相同学科或专业的教师之间借助教研活动形成新型的合作关系，如集体备课、组建教学团队和教改团队、建设教学平台等，有助于加强教师间的互助合作，改变教师在教学上单打独斗的状况。尤其是阶梯形团队，可实现老中青传帮带的教研室传统功能。同时，可考虑建设交叉学科教研室，促进教师交流合作，实现多学科知识融合、教师优势互补，共同培养数据科学时代的交叉复合型人才。

3. 监督教学质量

制度化的教学科研活动中，应当建立教学质量考评机制，对教师的教学工作进行内部质量监控。可在教研室和教师个人层面，均分别采取“期初计划”“期中

跟进”“期末总结”的方式进行全程质量监控，同时可以在学生评教和督导评教之间，进行同人互评，以便更加客观真实地对教师的教学工作作出评判和激励。

4. 建设教学学术文化

“教学学术”概念是美国学者欧内斯特·L. 博耶提出的概念（欧内斯特·L. 博耶，2004），教学学术是一种以教学活动为研究对象的学术活动。教学学术文化，反映“以教学为中心”的思想，是“以人为本、以质量为本”的教学文化。在教学学术活动中，教师不再仅专注于教材、教学参考、教学活动，而是更加关注教学理论学习和研究，同时反思提升自身的教学实践，从单纯的教学人员转变为教学研究人员，实现自身教学境界的转变和提升。教研室通过追求教学学术，重塑教学文化，促进教师开展教学研究，促进教学发展，在高校提高教学质量活动中发挥重要作用。

第 14 章

教学方法实践探索案例

教学法的探索是教育史上最长久最恒远的活动，它需要结合时代背景，在各个历史阶段进行适应性变革。本章收录了来自云南大学统计学科部分教师教学实践活动的教学方法案例，供广大同人交流互鉴。

14.1　案例一：基于雨课堂的翻转课堂教学——以云南大学本科生课程应用回归分析为例

🕮案例说明

翻转课堂是借助智能教学工具和信息化教学平台的在线学习与实体课堂相结合的混合式教学模式。雨课堂是实现翻转课堂的重要智慧教学工具之一，是线上线下课程都可以使用的教学软件。雨课堂从课前预习、课上互动答题、课后查漏补缺等教学环节实现以学生为主体的教学过程，改变了传统的课程讲授模式，是一种新型教学模式。本案例以云南大学统计学本科专业核心课应用回归分析（首批国家级一流本科课程）为例，探索借助雨课堂平台开展翻转课堂教学的有效方式。通过对课前、课中、课后三个阶段的平台应用进行对比分析，证明基于雨课堂的翻转课堂教学能有效改善教学手段和学习环境，激发学生的学习兴趣，提高教学效率。

14.1.1 引言

随着计算机网络和移动互联网的应用普及，传统的教学模式也受到了许多冲击。国内高校教育在信息技术与教育教学方面快速发展，以云计算、物联网、大数据等为代表的新技术催生了移动学习，也推动了新一轮课堂教学的创新与变革（张宪立，2018）。随着“互联网+”及信息化程度的不断加深，以及各级教育教学部门的政策驱动，雨课堂、精品课程、微课、MOOC、精品在线课程等教学改革形式层出不穷。

各种在线教育信息平台帮助师生实现了足不出户就能共同学习的梦想，尤其是突如其来的新冠肺炎疫情对线上教育教学的发展起到了极大的推动作用。新冠肺炎疫情的出现打乱了许多高校的正常教学计划，为了防止新冠肺炎疫情的蔓延，许多高校开始施行线上授课，从而一大批能进行线上授课的 APP 瞬间风靡起来，包括腾讯会议、雨课堂、中国大学 MOOC、钉钉等。这些线上教学平台的出现，为翻转课堂教学提供了技术和手段。

翻转课堂教学的主要方式是学生在课前或课外观看教师的视频讲解，自主学习，教师减少课堂讲授，增加课堂答疑。课堂成为师生之间和生生之间互动的场所，包括答疑解惑、合作探究、完成学业等，从而达到促进学生主动学习的教育效果。

雨课堂由学堂在线与清华大学在线教育办公室共同研发，雨课堂在计算机端以插件形式在 PowerPoint 中打开，可以实现以下功能：课前，教师将视频、习题等课前预习课件推送给学生；课中，学生可通过实时答题互动，促进师生沟通；课后，教师通过推送和分享链接方式给学生推送课后拓展材料，学生根据自己的兴趣和能力有选择地自主学习。

通过雨课堂可充分利用信息技术手段，将教学过程智能化和数据化的信息融入到教学场景中，增加了师生互动，增强了课堂的趣味性，对提高学生的学习效果和促进混合式教学的实施都有很重要的现实意义（丁兆云等，2021）。

14.1.2 应用回归分析课程翻转式教学实践介绍

云南大学统计学本科专业应用回归分析课程于 2020 年 11 月被评为首批国家级线下一流本科课程，自主编写的《应用回归分析》教材于 2021 年获首届全国优秀教材奖（高等教育类）二等奖，同时，该课程作为成果之一于 2021 年获第九届云南省高等教育教学成果奖一等奖。

采用雨课堂进行应用回归分析课程翻转课堂建设，基于雨课堂与学校教务系统有数据对接，学生的信息可以直接和教务挂钩，学生名单、各方面信息都能和教务系统形成无缝拼接，对考勤、成绩等日常课程管理多有裨益。

具体做法是：授课之前两三天，教师通过雨课堂发放课前学习任务引导学生自主学习，让学生能按照自己的学习习惯和速度进行自主学习，又不至于在直播课程时忘记所学。该学习任务依照布鲁姆（Benjamin Bloom）的学习金字塔设计，由易至难，学生可以观看雨课堂上发布的视频和课件进行知识点的预习和复习。在视频和课件中，教师已经对重点难点进行讲解，提出了需要解决的问题，学生根据提示查询相关学习资料，自选延伸学习，做到在课前对课中要学习的内容了然于心，同时，学有余力的学生有拓展学习的方向。

授课过程中以学生为中心。教师可以通过对课前作业完成得比较好的学生进行表扬，对优秀的作业进行展示以激励学生。为了调动学生课前学习的主动性，不再重复课前学习任务中已经讲解过的基本内容，讲授内容要和课前任务衔接起来，通过引导性问题，讲最重要、独自难以理解的基础知识，对知识点中出现的常见错误、问题进行有针对性的讲解，为他们答疑解惑，让学生体会到自己的课前学习价值。上课期间增强与学生进行互动提问的频率，引导学生自己思考，主动钻研难点，难度最高的所学知识运用可以布置为课后小组作业，优秀的小组作业同样可以在雨课堂中进行展示或发布，提高学生的积极性。

授课之后，重视课后的巩固复习和查缺补漏。雨课堂结束后，教师端会自动收到课程小结，包括学生的出勤率、答题状况、学生活动和师生互动等信息，详细的过程性数据在雨课堂后台都会有存储，方便后期查看和导出。学生端也可以收到本人的学习报告，包括学习情况、回答教师问题的情况、学习的内容等情况，可以记录自己的学习心得，对本次学习情况做一个总结。教师根据课堂的互动情况，针对教学内容，总结教学过程中的经验和教训，精心设计课后习题，将课后习题发布到雨课堂学习平台，保障适合所有学生的多种学习途径畅通。

14.1.3 雨课堂应用效果调查

为了探讨雨课堂在统计学理论基础课程应用回归分析教学过程中的使用情况，我们主要从学生角度，了解学生对雨课堂教学平台的评价，以此分析线上授课的优缺点，分析雨课堂的使用效果，便于平台进行分析调整。

采用问卷调查的形式，对2020～2021年度秋季学期应用回归分析课程教学改革、现代教学技术等情况进行调研，问卷考察对象为云南大学数学与统计学院统计系2018级统计学、数据科学与大数据技术两个专业共91名学生。调查问卷采用问卷星在手机上填答，共获得88份有效问卷，填答率为97%。

调查问卷的结果显示，同学们认为应用回归分析课程在教学过程中使用了多媒体教学、中国MOOC、学堂在线和翻转课堂的教学模式，实现了由传统教学模式向信息化教学模式的转变，其中85%的同学对教学信息化使用程度表示满意或者非常满意。

应用回归分析课程包括理论基础课和案例分析实践课两个部分：理论基础课每周3个课时，18周共计54个课时；案例分析实践课也就是应用回归分析实验课共27个课时，该实验课主要通过学生上机进行数据分析。从雨课堂后台的数据可以看出，在应用回归分析理论基础课讲授期间，学生基本能按时上课、打卡签到，且教师对学生的到课情况实时可控。学生到课率达99%以上，雨课堂活动总数956次，习题互动530人次，公告互动285人次。应用回归分析教学过程中，教师在雨课堂平台共发送教学活动93条，其中课件464页，公告17条，互动46条，试卷或作业26条。这些辅助教学工作不占用上课时间，通过与学生进行不同形式的互动，有助于教师实现翻转课堂的教学模式，尽可能达到预期的教学效果。

理论基础课共布置了10次课后作业，完成情况较好。起初，学生不太适应雨课堂发布的相关教学任务，第一次作业完成率为67%，在适应雨课堂教学平台后，学生作业完成度大大提高，此后作业完成率都维持在97%～100%。

关于作业完成情况的调查结果显示作业完成质量较好。在完成作业的同学中，72%的同学作业评价在90～100分，22%的同学作业评价在80～89分，只有6%的同学作业评价在80分以下。调查问卷结果显示，有90%以上的同学可以接受线上布置教学任务的形式，并且可以保持相对较高的学习效率，有8%左右的同学觉得布置教学任务形式不理想。对学习效率在一般以下的学生进行调查，询问学习效率不理想的原因，其中大多数同学是因为网络学习平台是基于电子设备的，在使用电子设备的同时，自控力不强的话，容易转为使用其他应用，注意力不能很好地集中。

我们分别从直播流畅度、网络平台易操作程度、有助于自主学习的程度三方面，调查学生对网络学习平台的满意程度，认为平台流畅度好的占73.3%，认为平台易操作好的占73.3%，认为平台有助于自主学习的占84.8%。

大多数同学认为雨课堂平台有助于自主学习的理由如下：课前教师会发布下

节课讲的内容，且平台可以设置任务提醒，不容易忘记；课后发布讨论内容，充分复习课堂所讲解的内容；通过视频课件的回放，可以重复观看授课的内容，利于课后温习等。

通过以上学生对雨课堂使用情况评价的分析可知，雨课堂提供了学生学习的线上平台，达到了停学不停课的目的。充分利用雨课堂的辅助教学功能，有助于提高学生学习的积极性。线上授课与传统授课相比的优势之一，是线上授课让学生通过回看回顾课堂所学知识，有利于温故而知新。

尽管雨课堂有着上述优势，但自主学习主要依赖学生的自主性，教师在学习过程中仅起到引导和辅助作用。对于自制能力比较差的学生来说，雨课堂的使用需要得到更多监督；对于自主学习能力强的学生，雨课堂将帮助他们更好地进行深度学习，提高学习效率。总体来说，如果能利用好雨课堂等网络教学平台，教学效果会得到较大提升。

14.1.4　翻转课堂教学存在的问题

从教师角度看，线上教学平台的出现使得教学手段和教学形式不断更新，在一定程度上起到了丰富学习内容、拓展学生学习时间、提高学习效率的积极作用。但是同时也对教师提出一些挑战，表现在以下几个方面。

（1）翻转课堂加大了教师的工作量，提高了对教师的素质要求。教师除了基本的备课任务外，还需要对网络学习资源进行更新，多种多样的网络学习资源的形式，需要占据教师的大部分时间。

（2）翻转课堂的教学效果不宜把握。由于很大一部分学生自觉性不够高或者不会主动寻找相关课程来学习，相对于线下授课来说，线上教学教师不容易监管学生，从而达不到预期的教学效果。智能手机为学习和生活带来便利的同时，也成为课堂上影响教与学的最大障碍，如何利用智能手机为课堂服务，则成为所有教师都面临的问题。

（3）翻转课堂对教学互动的要求提高。部分教师对线上教学方式持怀疑态度的一个原因是，线上教学缺乏互动，不能完全取代线下教学的课程，尤其是如应用回归分析这样的专业基础课。在线下教学过程中，学生的每一个表情、每一个笑声、每一个肢体语言，对于课堂来说都是不可或缺的氛围因素，这种生生、师生面对面带来的互动，是线上教学无法满足的。设计线上线下互动对教师的综合素质要求很高。在翻转课堂教学互动中，既可以线上又可以线下的雨课堂扮演了很重要的角色，教师需要深入学习掌握线上教育平台。

14.1.5 结束语

在线上线下教学改革中，线下授课仍然还是教师的主要授课方式，但以雨课堂等网络教学平台作为辅助教学工具，有助于帮助教师的授课方式从传统的“满堂灌”教学模式转化为多元化、多功能的信息化教学模式，包括雨课堂授课、互助讨论课、多种形式的辅导、答疑以及课后作业等方式成为教学方式改革的主流发展方向。其中，加强教学环节和过程管理、增强师生互动、以问题为导向引导学生思考等是教学方式改革需要持续关注的问题。毋庸置疑，翻转课堂等教学方式改革对教学效果的提高非常明显，但是需要教师深入学习，熟练掌握在线教学方式，探索更多富有成效的教学方法。

14.2 案例二：自主学习教学方法探索——以云南大学研究生课程概率论基础为例

案例说明

本案例在“教是为了不教”教学理念下，以研究生课程概率论基础为例，探索培养学生自主学习的教学方法和教学手段的改革途径。

“教是为了不教”教学理念来自叶圣陶先生的重要教育思想（刘雁，2020）。教学的最终目的，是要让学生学会终身学习的本领，因此，教学中，以问题导向、案例教学创设多种自主学习场景，培养学生的自主学习能力尤为重要。

14.2.1 教学方法的改革

概率论基础是统计学专业研究的学位基础课程，选择的教材是由严士健、王隽骧和刘秀芳著，科学出版社出版的《概率论基础》（第二版）。该教材用测度论的观点论述概率论的基本概念，如概率、随机变量与分布函数、数学期望与条件数学期望和中心极限定理等，其特点是把测度论的基本内容与概率论的基本内容结合在一起讲述，论述严谨，条理清楚。对于已经学习过初等概率论或者测度论的学生来说，该教材尚有部分内容不易理解，对于没有学习过初等概率论或者测度论的学生来说，该教材晦涩难懂。但是，该教材是统计学专业研究生的必学、必读、必研书籍，对以后的科研工作或者实际工作都有着非常重要的作用。

教学之初，鉴于对基础课程的理解，本课程仍然实行了“讲—听—记—练”为结构的传递—接受模式的教学方法。这个模式强调教师的指导作用，注重教师的权威性，是一种单向、被动的教学方式。但随着课程的深入，发现该方法并不十分适用于本门课程。概率论基础是一门理论性和逻辑性都很强的课程，仅仅通过课上的理论讲解，并不能够完全使学生掌握并理解概率论基础的精髓，也没有达到锻炼学生逻辑性的目的。为了提高教学的质量，开展了基于问题的教学、案例教学和科研热点引入等教学方法。例如：①在讲授“随机变量与可测函数”这一节内容时，事先给学生布置学习任务：学习随机变量和可测函数的概念、基本理论和性质，在上课的时候提出学习随机变量为什么要学习可测函数，通过可测函数可以得到随机变量的什么性质等问题，激发学生的学习兴趣；②在学习“特征函数及其初步应用”这一章内容时，由于绝大部分同学都学习过特征函数的基本概念和性质，以两到三人为小组开展案例教学，请每一个小组根据特征函数的性质提出一个具体的事例，并在课堂上与大家分享；③由于课程的基础性很强，为避免学生觉得学习这门课程没有实际作用，时常在上课的时候引入当前大数据统计推断的研究热点问题，并且将概率论基础知识在大数据统计推断中的应用加以说明。

14.2.2　教学手段的改革

（1）自主学习、课堂教学与交流展示相结合。在把握教材、分析学生的前提下，对学生进行分组，按照学习计划和学习要求，设计小组学习内容，并在课前一周将下周每个小组的学习内容发放给每一位学生，要求每个小组完成要求学习的各项内容。

课堂上，随机抽查小组学习情况，了解学生的掌握情况，根据这个情况进行有目的、有重点的讲解，然后通过小组交流展示、讨论和教师点拨等多种形式的课堂教学活动，使学生进一步掌握课程内容。每个学期每个小组有两次交流展示机会，这将作为平时成绩的重要依据，展示内容可以包含但不限于概念、性质、方法、例题和困惑等。

该教学手段的主要目的是使学生明确学什么、怎么学、学习的效果是否有效，培养学生的自学能力和合作学习能力，引导学生在自主学习过程中养成独立思考问题、分析问题和解决问题的习惯和能力。在分组上，将不同学习能力、学习态度、学习兴趣、个性的学生分配在同一个组内，针对个人不能解决的问题进行共同学习研究。

（2）引入现代教育技术，因材施教，积极实行启发式、讨论式教学。鼓励学生独立思考，激发学生学习的主动性，培养学生的科学精神和创新意识，在讲清概念的基础上，强化理论教学的应用。

14.2.3 激发学生的知识应用和创新欲望，引导学生养成创新意识

"新的教育精神使个人成为他自己文化进步的主人和创造者。自学，尤其是在帮助下的自学，在任何教育体系中，都具有无可替代的价值。"（任洁和冯国文，2007）"大学必须创造出新的东西，必须完成对于新的思想资源的开发，并把这种新的东西反馈给社会，给社会提供新鲜血液，促进未来社会的健康发展。教育因此具有了积极的含意，它不只是传承和规约问题，同时还是创造问题；不只是从社会那里接受资源的问题，同时还要反过来给社会提供新资源。"（摩罗，2002）所以，"教"与"学"的最终目的都是使学生学会为社会创造新的资源，而在"教"的过程中，如何激发学生的创新意识将变得异常重要。

在概率论基础课程的教学过程中，教师经常穿插当前数据科学研究的热点和难点问题，并且引导学生寻找这些问题中蕴含的概率论基础知识或者借助概率论基础知识分析研究这些问题中的应用，通过分组讨论的方法对这些问题中使用的概率论基础知识进行巩固与加深。同时，这些问题中经常会有一些数据模拟和实例分析，教师在教学过程中要引导学生自己使用各类软件对这些数据进行案例分析。

14.2.4 结束语

授人以鱼不如授人以渔，"教是为了不教"的核心思想和宗旨是培养具有创新意识和创新能力的高素质人才，要求教育要达到既传承知识又创新知识、既适应社会又引领社会、既通悟人生又驾驭人生的目的。这就要求教师不仅仅传道、授业、解惑，还要重视培养学生的学习能力，让学生从"学会"过渡到"会学"。对"教是为了不教"教学理念的理解与运用不是一朝一夕能够实现的，它是一个循序渐进的过程，需要广大教师不断努力、孜孜探索。

14.3　案例三："五步法"教学法探索——以云南大学本科生课程数据科学导论为例

🕮案例说明

数据科学导论作为数据科学与大数据技术专业低年级本科生的入门课程，内容覆盖了数据编程语言、数据获取、数据清洗、算法、模型及决策过程，是一学期课程。如何在短短一学期的时间内不仅让学生建立数据科学解决问题的基本框架，并且能够激发学生的学习兴趣，调动其学习积极性，提高其分析问题和解决实际问题的能力，这对任课教师有较大挑战性。教学实践中以问题为导向，结合数据分析的全过程，自顶向下提出"五步法"来组织课程教学，有效提高了数据科学导论课程的教学效果，增加了学生的获得感，获得了学生的好评。

14.3.1　引言

数据科学导论作为数据科学概览性的入门课程，是数据科学与大数据技术专业的核心基础课。它需要培养学生不仅掌握数据科学的全貌，还要了解数据科学解决实际问题的方法和技巧，所涉及的内容比较综合，理论性和实践性都比较强，同时本课程设置在大一下学期，这个阶段的学生尚无数据科学的背景知识，从而导致学生学习难度大，存在较大的认知困难，学生很容易失去学习的动力和兴趣，给教学带来了巨大的挑战（Cheng et al.，2018）。为培养学生的创新意识，提高学生的创新能力，激发学生的学习兴趣，在数据科学导论教学过程中探索应用"五步法"教学方法，以满足培养高素质数据科学与大数据技术人才的迫切需求。

传统的教学方法是以教师为主体的方法，突出教学讲授，很容易导致学生在教学过程中被动接受知识，即使教师使用一些启发式的教学手法也很难达到师生之间的充分交流，大大降低了实际的教学效果。这种教学方式导致学生缺乏主动性，并且由于获取信息的渠道非常多且便捷，要求学生对一些知识性的内容进行记忆也容易导致学生的反感，学生容易把本门课程看成一系列孤立的主题内容，忽视了内容之间的相关性和关联性，理论没有很好地联系实际，难以认识到本课程的重要性，学习的效果得不到保障。根据本门课程的特点，引入以数据为核心、以解决实际问题为目的的“五步法”，把看似相对独立的主题变得相互响应，让学生建立数据科学解决实际问题的逻辑框架，提高学生解决问题的能力，从而激发学生学习的主动性和积极性，培养学生独立思考的能力和解决数据相关问题的创新能力。基于此，本案例初步探索和实践“五步法”应用于数据科学导论的教学过程（Levine and Stephan，2011）。

14.3.2 “五步法”在数据科学导论中的实施过程

1. “五步法”的含义和基本流程

“五步法”是利用框架式的教学方法把各个离散的主题用统一的框架组织起来的一种教学方法，它利用实际数据，实现应用数据科学方法解决实际问题的全过程覆盖，可以帮助学生建立主题之间的联系及一种解决实际问题的简明方法，有利于学生在后续课程中加以扩展和应用。“五步法”主要以数据为核心、以解决实际问题为目的，是一种流程化方法，主要包含数据及问题、数据的重构、数据的探索性分析、模型的构建及结果分析五个连续的过程，每个过程包含一系列小步骤，涵盖应用数据科学方法解决实际问题的全过程（图 14.1）。

图 14.1 “五步法”流程

以下对“五步法”各流程进行解析。

1）问题的定义

在大数据时代，面对海量的数据，在根据实际应用场景提出问题的同时，如何根据数据提出问题是数据科学家面临的巨大挑战。不论利用哪种方法都需要对问题有准确定义，只有定义好问题才能将其转化成数据科学的问题，然后利用数据科学的方法进行解决。

2）数据获取及重构

数据获取及重构是指根据提出的问题获取数据或对已有数据进行重构的过程。数据科学所研究的数据大多为观察数据、互联网数据，包含声音、图像、视频流等大量非结构化数据，需要对数据进行重构、转换等一系列操作，使之成为数据处理软件能处理的结构化数据（Yavuz and Ward，2020）。之后进一步对数据进行清洗、预处理等工作，建立合适的数据集。

数据的获取是开展数据科学项目的一个重要环节，不仅需要知晓常见的数据源，如政府、公共部门提供的数据源，还有像 UCI 机器学习库（UCI Machine Learning Repository）、Kaggle 等对数据科学提供的一些数据，并且还需掌握和使用网页数据抓取技术。在课程中，利用网络爬虫算法从携程网上抓取了 2018 年 3～6 月的有关旅游的数据，共计 10 000 多条。经过初步的数据清洗，把含有云南、昆明等相关词条的记录提取出来，得到 2000 条云南旅游相关的评论词条。对评论数据进行分词，利用词袋方法生成表格数据。然后对数据的缺失值进行处理，对面板数据进行重构，并划分出训练集和测试集数据。

3）描述与探索性分析

描述与探索性分析主要指通过描述性统计分析方法，初步发现变量之间的关系，之后，采用主成分分析、聚类、分类和关联分析等方法进一步发现数据中可能存在的关系模式，构建数据直观模型的过程。在这个过程中，创建漂亮的图形不仅能很好地展示数据，同时也是数据科学家的基本功之一，这种技能能增强学生的竞争力和创造性（Kaplan，2018）；使用主成分分析、聚类等非监督学习的方法发现数据中可能存在的模式，得到数据的直观模型。教学中，利用云南旅游数据建立不同时间段游客人数的趋势图、云南旅游热点地区的分布图、酒店的评级等图形，这些图形不仅让我们直观掌握了整个云南旅游的概况，同时也为我们进一步建模指明了方向。

4）统计学习模型

根据问题的定义及数据选择恰当的统计机器学习方法构建模型，并对模型进行优化或推断，选择合理的评价标准对模型进行评估，对模型的偏差和方差进行深入分析，利用检验集、交叉验证等方法对模型的结果进行分析，并不断调整参数从而得到一个预测结果好、解释性好的模型。云南旅游数据案例分析中，学生通过关联度模型探讨游客在云南省各旅游景点的停留时间与游客类型、旅游景点热度等因素之间的关联关系；利用决策树模型分析游客对酒店的满意度，构建线性回归模型预测游客人数等。这些模型的建立过程，让学生对数据科学的定量分析建立了信心，激发了学生进一步学习的动力。

5）结果与总结

根据模型的结果对照问题进行深入的分析，建立模型和问题之间的对应关系，并撰写分析报告，对模型未能解决的问题进行展望。课程中，根据展示的模型结果，要求学生在课后撰写云南热门景点的调查报告、如何提升云南宾馆的接待水平及云南暑假期间游客趋势分析等报告，并且还制作PPT进行了分享。这个过程提升了学生撰写报告和进行分享的能力，也对学生的口头表达能力及海报的制作水平有了一个评价，增进了学生之间的情感交流。

2. 教学反馈及评价

使用自顶向下的五步流程化的教学法，可以较好地调动学生的参与程度，课堂上学生低头一族大为减少。为及时获得教学反馈，可以在多个地方设置提问环节，鼓励学生参与课堂讨论，并根据学生回答问题的情况进行实时点评。学生和教师之间的互动得到加强，教师也能充分了解大部分学生的情况，并能在备课过程中有意识地做到因材施教。

为提升学生的学习效果，在备课环节要求学生对课本上相关的理论基础和专业知识点进行预习，主动搜集材料，并事先准备好讨论和发言，有效地提升了课堂效果，学生对课程的满意度和获得感也得到加强。同时，也有利于教师评价体系的多元化，克服仅根据学生的考勤、作业情况、期中考试及期末考试来评价学生的局限性。

14.3.3 结束语

教学实践证明，在数据科学导论课程中引入“五步法”能展示自顶向下的数据分析全过程，帮助学生建立数据分析的全景图，易于学生理解和掌握知识点，激发学生学习数据科学的积极性和主动性以及课堂参与程度，有助于培养学生思考问题、分析问题和解决问题的能力。但这同时对任课教师提出了更高的要求，他们在教材选择、讲解等方面需要投入更多精力和时间，才能更好地保证教学效果。

14.4 案例四：导引式教学方法探索——以云南大学本科生概率论课程为例

案例说明

本案例介绍了教师以导引式方法带领学生学习概率论中风险率函数

（hazard rate function）部分内容的具体过程，这是一次完整的问题导向式教学方法实施过程。其特点是把本科生学习和硕士生学习过程贯穿于一体，展示了从问题发现到问题解决的全过程。

14.4.1　教学过程

在云南大学统计系 2018 级数据科学与大数据技术专业本科生概率论课程教学中，在讲授连续型随机变量的风险率函数时，首先介绍该函数的研究目标是某事物存活到 t 时刻且在此后一瞬间会立即死亡的概率，然后利用条件概率公式：

$$\begin{aligned}\Pr\left\{X\in\left(t,t+\mathrm{d}t\right)\middle|X>t\right\}&=\frac{\Pr\left\{X\in\left(t,t+\mathrm{d}t\right),X>t\right\}}{\Pr\left\{X>t\right\}}\\&=\frac{\Pr\left\{X\in\left(t,t+\mathrm{d}t\right)\right\}}{\Pr\left\{X>t\right\}}\approx\frac{f\left(t\right)\mathrm{d}t}{\bar{F}\left(t\right)}\end{aligned}$$

以及根据风险率函数的定义导出风险率函数：

$$\lambda\left(t\right)=f\left(t\right)/\bar{F}\left(t\right)\tag{14.1}$$

其中，$f(t)$ 为 x 的概率密度函数在 t 点的取值，$\bar{F}\left(t\right)=1-F(t)$，且 $F(t)$ 为随机变量 x 的概率分布函数。

学习该知识点前，假设学生已经学习并熟练掌握了均匀分布、正态分布和指数分布三种常见的连续型随机变量的分布，并且对求条件概率的公式也非常熟练了。学生利用事件交的定义能理解 $\Pr\left\{X\in\left(t,t+\mathrm{d}t\right),X>t\right\}=\Pr\left\{X\in\left(t,t+\mathrm{d}t\right)\right\}$，通过概率分布函数与概率的关系以及与概率密度函数的关系将 $\Pr\left\{X\in\left(t,t+\mathrm{d}t\right)\right\}=\int_t^{t+\mathrm{d}t}f(x)\mathrm{d}x$ 当作概率密度函数在区间 $\left(t,t+\mathrm{d}t\right)$ 的面积，当 $\mathrm{d}t$ 足够小时该面积近似地看作是以 $f(t)$ 为高、以 $\mathrm{d}t$ 为宽的矩形面积，以此想到利用 $f\left(t\right)\mathrm{d}t$ 来近似导出结果对于学生来说并没有障碍。

在导出该风险率函数后，再采用课堂习题的形式让学生计算当随机变量 x 服从指数分布时其风险率函数 $\lambda\left(t\right)=\dfrac{f\left(t\right)}{\bar{F}\left(t\right)}=\dfrac{\lambda\mathrm{e}^{-\lambda t}}{\mathrm{e}^{-\lambda t}}=\lambda$ 会遇到指数分布的概率分布函数 $F\left(t\right)=\int_0^t\lambda\mathrm{e}^{-\lambda x}\mathrm{d}x=1-\mathrm{e}^{-\lambda x}$ 的计算，学生已经非常熟悉概率分布函数的计算，

并且在该节课一开始讲解无记忆性的时候又再次回顾了一遍。到此，整个知识点就讲解完了。

课后，班上有学生通过微信对该问题与教师做了进一步讨论。第一个问题是："风险率函数是否为一个概率？"其答案是明显的："风险率函数的函数值应该是一个条件概率。"第二个问题是："指数分布的参数值 λ 取值范围是多少？"这是关于指数分布的基本问题，但隐约已经感到问题不太简单，答道："指数分布的参数 λ 取值范围是 $(0,+\infty)$。"学生追问道："那如果 λ 取值大于 1 时，则风险率函数的取值就会大于 1，那么说其是概率就不符合概率的三条公理。"这便是问题的关键。由于 20 分钟后紧接着还有硕士研究生的课程便将该问题放到了研究生课程开头与各位硕士研究生一起讨论。

在硕士研究生课程开课时，首先回顾什么是风险率函数，然后简单推导了服从指数分布的随机变量的风险率函数。直入正题地提出问题：若 $\lambda>1$，那么该风险率函数的函数值便不再是一个概率。很快，同学们就观察到了切入点：概率密度函数 $f(x)$ 的取值范围并没有要求在 $(0,1)$，只要求 $\int_{-\infty}^{+\infty} f(x)\mathrm{d}x=1$，因此可以在某个位置 t 取得 $f(t)$ 远远大于 1。在风险率函数推导时，我们使用 $f(t)\mathrm{d}t$ 来估计概率 $\Pr\{X\in(t,t+\mathrm{d}t)\}$ 的前提是 $\mathrm{d}t$ 为一个极小值，而当放到风险率函数 $\lambda(t)$ 中时，我们就设 $\mathrm{d}t=1$ 了，因此当 $f(x)$ 的函数变化率极大的时候，该估计就不再成立了。

14.4.2 结束语

本案例充分体现出了学生的问题能动性，从发现问题到解决问题都由学生主动完成，教师只是作为一个判断机制来协助判断学生的推导。受该教学案例启示，后续的教学过程中，教师可以从讲授者慢慢向引导者方向转变，从而引导学生自发地去发现问题、寻找答案，教师提供的是指引学生去什么地方或者向谁去寻求答案，而不是直接给出问题的最终答案。

14.5 案例五：案例式教学示例——以云南大学本科生课程面向对象程序设计（C++）为例

🕮案例说明

通过简单矩阵类案例让学生掌握面向对象程序设计（C++）语言的

思想及技术，培养面向对象程序设计的能力，同时结合统计学专业特点，使学生利用面向对象程序设计（object-oriented programming，OOP）思想交叉应用于统计计算等领域，正确开发出具有专业特色的程序类及类库，从而提高学生分析问题和解决问题的能力。

14.5.1　设定教学目标、重点和难点

教学目标：通过简单矩阵类案例回顾面向对象类的概念及编程思想和方法，掌握函数重载和运算符重载，培养学生对面向对象程序设计封装性和多态性编程能力的运用，引导学生理论和专业实践相结合，激发学生学习的兴趣。

教学重点：函数重载和运算符重载的定义实现和使用编程方法。

教学难点：函数重载和运算符重载。

教学方法环节与手段：①案例教学法，采用多媒体和传统教学课堂授课及学生自学相结合；②通过 PPT 教学与计算机环境下 Visual C++ 6.0 操作演示相结合；③课堂授课与讨论问题分析相结合；④编程实例分析设计和学生上机练习相结合；⑤归纳总结与启发学生专业学科实践相结合。

14.5.2　教学案例简介：简单矩阵类设计

首先介绍函数重载和运算符重载理论，通过简单矩阵类设计案例巩固所学知识。简单矩阵类设计运用可以从矩阵类的定义（声明）、矩阵类的定义实现、矩阵类的运用三个方面体现。矩阵类包括类名、矩阵属性描述、方法（函数）定义实现、权限访问等。

1. 简单矩阵类设计描述

- 定义实现一个矩阵类 matrix。
- 定义矩阵长度及元素。
- 定义实现矩阵构造函数。
- 定义实现矩阵复制构造函数。
- 定义实现矩阵+运算。
- 定义实现矩阵*运算。
- 定义实现矩阵赋值号“=”。
- 定义实现获取矩阵长度。
- 定义实现>>输入矩阵元素。
- 定义实现<<输出矩阵元素。
- 定义实现重载（）矩阵元素。
- 定义实现析构函数。
- 应用矩阵类。

2. 学生回答问题的讨论互动

- 矩阵类属性描述是什么?
- 矩阵类中权限访问有哪些?有什么区别?
- 构造函数和析构函数的作用?
- 函数重载和运算符重载有什么区别?
- 运算符重载函数的两种形式是什么?
- 如何扩展矩阵类中函数重载和运算符重载,如-、/等?
- 如何根据矩阵类设计构思专业实际问题?

3. 环境要求及作业

- 硬件环境:计算机等多媒体。
- 软件环境:Windows 7/10,Visual C++ 6.0。
- 作业:课本习题,简单向量类设计。

14.5.3 教学案例实施过程

1. 函数重载(讲解分析)

在C++语言中,在声明函数原型时,若形式参数的个数或者对应位置的类型不同,则两个或更多的函数就可以共用一个名字。这种在同一作用域中允许多个函数使用同一函数名的措施被称为重载(overloading)。函数重载是C++程序获得多态性的途径之一。函数重载要求编译器能够唯一地确定调用一个函数时应执行哪个函数代码,即采用哪个函数实现。确定函数实现时,要求从函数参数的个数和类型上来区分。这就是说,进行函数重载时,要求同名函数在参数个数上不同,或者参数类型不同,否则将无法实现函数重载。

2. 运算符重载(讲解分析)

C++语言允许程序员重新定义已有的运算符,使其能按用户的要求完成一些特定的操作,这就是所谓的运算符重载。运算符重载与函数重载相似,其目的是设置某一运算符,让它具有另一种功能,尽管此运算符在原先C++语言中代表另一种含义,但它们彼此之间并不冲突。C++会根据运算符的位置辨别应使用哪一种功能进行运算。运算符重载是对已有的运算符赋予多重含义,同一个运算符作用于不同类型的数据导致不同类型的行为。C++中预定义的运算符的操作对象只能是基本数据类型,实际上,对于很多用户自定义类型,也需要有类似的运算操作，这就提出了对运算符进行重新定义，赋予已有符号以新功能的要求。运算符重载的实质就是函数重载。在实现过程中，首先把指定的运算表达式转化为对运算符函数的调用，运算对象转化为运算符函数的实参，然后根据实参的类型来确定需要调用的函数，这个过程是在编译过程中完成的。

运算符重载的规则如下：①C++中的运算符除了少数几个以外，全部可以重载，而且只能重载已有的这些运算符。②重载之后运算符的优先级和结合性都不会改变。③运算符重载是针对新类型数据的实际需要，对原有运算符进行适当的改造。④C++不能被重载的运算符有 .*、 .、 ::、?:。一般来讲，重载的功能应当与原有功能相类似，不能改变原运算符的操作对象个数，同时至少要有一个操作对象是自定义类型。

3. 运算符重载的两种形式

运算符的重载形式有两种：重载为类的成员函数和重载为类的友元函数。

（1）运算符重载为类的成员函数的语法形式如下：

```
<函数类型> operator <运算符>(<形参表>)
{
<函数体>;
}
```

（2）运算符重载为类的友元函数的语法形式如下：

```
friend <函数类型> operator <运算符>(<形参表>)
{
<函数体>;
}
```

其中，<函数类型>指定了重载运算符的返回值类型；operator 是定义运算符重载函数的关键词；<运算符>给定了要重载的运算符名称，是 C++中可重载的运算符；<形参表>中给出重载运算符所需要的参数和类型。对于运算符重载为友元函数的情况，还要在函数类型说明之前使用 friend 关键词来说明。

当运算符重载为类的成员函数时，函数的参数个数比原来的运算数个数要少一个（后缀++、--除外）；当重载为类的友元函数时，参数个数与原运算数的个数相同。

一般来讲，单目运算符最好重载为成员函数，而双目运算符则最好重载为友元函数。运算符重载的主要优点就是允许改变使用于系统内部的运算符的操作方式，以适应用户新定义类型的类似运算。

4. 简单矩阵类编程定义分析（讲解分析/提问/讨论）

在 Visual C++ 6.0 编辑器下输入，编写定义一个矩阵类 matrix 程序如下：

```
#include<iostream.h>
class matrix//定义矩阵类名
{
        int r,c;//定义矩阵行，列
        double **element;//定义矩阵元素为双精度浮点型
        public:
        matrix(int,int);//定义矩阵构造函数
        matrix(matrix &);//定义矩阵复制构造函数
       double & operator()(int x,int y);//定义矩阵元素圆括号()
       matrix & operator=(matrix & m1);//定义重载矩阵赋值号“=”
       int getrow(){return r;};//获取矩阵行
       int getcol(){return c;};//获取矩阵列
 friend matrix operator+(matrix & m1,matrix & m2);
//定义矩阵重载加(+)
 friend matrix operator*(matrix & m1,matrix & m2);
//定义矩阵重载乘(*)
 friend istream & operator>>(istream & in,matrix & m);
//定义矩阵重载输入(>>)
 friend ostream & operator<<(ostream & o, matrix & m);
//定义矩阵重载输出(<<)
~matrix();//定义矩阵析构函数
};
```

定义矩阵类名为 matrix，//表示注释，数据成员 r、c 表示矩阵行、列数，数据成员 element 采用二级指针表示矩阵元素为双精度浮点型，它们的权限访问为 private（私有）类型。构造函数、析构函数、成员函数的权限访问为 public（公有）

类型。matrix（int,int）矩阵构造函数和 matrix（matrix &）矩阵复制构造函数是函数重载的体现，它们的作用是创建矩阵对象。double & operator（ ）（int x,int y）和 matrix & operator=（matrix & m1）分别重载为类的成员函数形式矩阵元素圆括号( )、矩阵赋值号“=”。friend matrix operator+(matrix & m1,matrix & m2)、friend matrix operator*(matrix & m1,matrix & m2)、friend istream & operator>>(istream & in,matrix & m)、friend ostream & operator<<（ostream & o, matrix & m）分别重载为类的友元函数矩阵加(+)、矩阵乘(*)、矩阵输入(>>)、矩阵输出(<<)，istream 表示输入流类，ostream 表示输出流类。~matrix（ ）为析构函数，它的作用是释放矩阵对象。在提问学生环节，讨论设计中的问题及如何扩充其他运算符（如+=、-、/等）。

5. 简单矩阵类编程实现分析（讲解分析/提问/讨论）

在 Visual C++ 6.0 编辑器下输入，编写实现一个矩阵类 matrix 程序如下：

```
 matrix :: matrix(int r1,int c1)//构造函数
      {  r=r1;c=c1;
      element=new double*[r];
      for(int i=0;i<r; i++)
       element[i]=new double[c];
     for(i=0;i<r;i++)
      for(int j=0;j<c;j++)
       element[i][j]=0;    }
matrix:: matrix(matrix & m)//复制构造函数
{ r=m.r;c=m.c;
      element=new double*[r];
      for(int i=0;i<r;i++)
       element[i]=new double[c];
     for(i=0;i<r;i++)
      for(int j=0;j<c;j++)
       element[i][j]=m.element[i][j];    }
   matrix & matrix::operator=(matrix & m1)//重载矩阵赋值号“=”
   { for(int i=0;i<m1.r;i++)
```

```
for(int j=0;j<m1.c;j++)
  element[i][j]= m1.element[i][j];   return *this;}
 matrix operator+(matrix & m1,matrix & m2)//重载加(+)
{ matrix aa(m1.r,m2.c);
  for(int i=0;i<m1.r;i++)
   for(int j=0;j<m2.c;j++)
    aa(i,j)=m1.element[i][j]+ m2.element[i][j];
 return aa; }
matrix operator*(matrix & m1,matrix & m2)//重载乘(*)
{ matrix aa(m1.r,m2.c);
  for(int i=0;i<m1.r;i++)
     for(int j=0;j<m2.c;j++)
    { aa(i,j)=0;
      for(int k=0;k<m1.c;k++)
       aa(i,j)=aa(i,j)+m1.element[i][k]* m2.element[k][j];};
return aa; }
 double &matrix::operator()(int x,int y){return element[x][y];}
//矩阵圆括号();
 istream & operator>>(istream & in,matrix & m)//输入(>>)
  {  for(int i=0;i<m.r;i++)
     for(int j=0;j<m.c;j++)
       in>>m(i,j);return  in;}
   ostream & operator<<(ostream & o, matrix & m)//输出(<<)
 { for(int i=0;i<m.r;i++)
    {  for(int j=0;j<m.c;j++)
        o<<m(i,j)<<"   "; o<<endl;};return o  };
      matrix::~matrix()//析构函数
 {     delete[] element;}
```

根据程序讲解矩阵类编程实现过程分析；重点讲解函数重载和运算符重载；对学生提问讨论设计中的问题。

6. 简单矩阵类应用分析（讲解分析/提问/讨论）

在 Visual C++ 6.0 编辑器下输入，编写矩阵类 matrix 应用程序如下：

```
void main ( )
  {
    matrix m1 (2,2) ,m2=m1,m3 (m1) ;
    m1 (0,0) =1;
    m1 (0,1) =2;
    m1 (1,0) =3;
    m1 (1,1) =4;
    cin>>m2;
    m3=m1+m2;
    cout<<m3;
    m3=m1*m2;
    cout<<m3<< "\n" ;
  }
```

从程序中定义矩阵对象 m1 为 4 个元素，调用复制构造函数创建 m2 和 m3 对象。m1（0,0）=1 为调用矩阵元素圆括号（），cin>>m2 为调用键盘矩阵重载输入（>>），m3=m1+m2 为调用重载矩阵赋值号“=”及“+”号，m3=m1*m2 为调用重载矩阵乘（*），cout<<m3<< “\n”为调用矩阵重载输出屏幕。输入 1、2、3、4，计算结果见图 14.2。

图 14.2　计算结果

在提问学生环节，讨论设计中的问题及如何扩充矩阵类。

7. 作业实验要求

（1）课本习题。

（2）简单向量类设计。

14.5.4 案例教学总结

（1）C++面向对象程序设计教学中，学生对类和对象感觉非常抽象，难以理解。通过简单矩阵类案例的讲解分析，把前面面向对象程序设计各章节类和对象的知识点串联起来，同时重点讲解分析了函数的重载和运算符的重载理论和编程方法，系统讲解分析了简单矩阵类的定义、实现、应用三个编程步骤，加深了学生对类的封装性和多态性的认知理解，使学生能把面向对象编程方法应用到所学专业中。

（2）在“教”与“学”中，通过 PPT 教学与计算机环境下 Visual C++ 6.0 简单矩阵类案例讲解分析操作演示及问题的互动讨论，激发了学生的学习兴趣，学生感觉简单矩阵类比较生动直观容易理解，前面所学知识抽象难以理解的问题便简单化了。

（3）面向对象具有封装性、继承性、多态性三个特点。本案例只讲了封装性、多态性知识，未讲继承性知识。简单矩阵类案例中只讲了少量的函数重载和运算符的重载，目的是举一反三，达到良好的教学效果和预期目标。

14.5.5 结束语

简单矩阵类案例讲解分析浓缩了面向对象的许多知识点。通过案例教学不仅提升了学生学习的积极性，而且还达到了预期的教学效果和教学目标。

14.6 案例六：基于问卷调查的统计学专业实验课非标准化考核改革探讨

案例说明

为探究统计学专业实验课非标准化考核的效果，采用问卷调查的方法对相关在校本科生进行抽样调查，基于问卷数据运用描述性统计分析方法探讨了传统实验课考核的特点和缺陷，运用交叉分析方法研究了不同学生群体在实验课考核中的能力发展需求，运用多因素方差分析探索了实验课考核中提升学生综合能力的因素。结果表明，统计学专业实验课的非标准化考试应着重考查学生对实际问题的解决能力、软件运用能力、自主学习能力和合作能力。非标准化考核可成为统计学专业实验课考核的新形式，为相关专业的非标准化考试提供一定的参考。

14.6.1　研究背景

课程考核是衡量学生知识掌握水平的重要依据，是检验高校教学质量的有效手段。目前，大部分高校采用的都是标准化考试，即严格按照大纲的要求、命制特定的题型、采用科学的程序实施考试，并使用统一的答案进行阅卷，目的是有效地控制各种人为误差。然而，标准化考试在当今的高校教育中存在着许多突出的问题，比如考试形式较单一、题型统一、侧重教材、创新程度低、与实践脱轨等，这些问题在实验课程的考核中尤为突出。所以，随着高校人才培养目标和模式的转变，实验课程考核模式改革势在必行。

在标准化的考核模式当中，因为实验课程需要使用特殊器械或计算机软件等不便，教师普遍只强调理论课程的考核而弱化了实验课程的考核，致使学生实践能力不强。因此，实验课程需要改革考核内容和考核方式，注重考查学生对知识的运用以及分析解决问题的能力，探索非标准答案的考试模式，破除“高分低能”的积弊。基于此，我们以统计学专业为例探究非标准化考核的新方法。

大数据时代，统计学不再是“纸上谈兵”，数据分析也不再局限于少量数据，所以统计学专业课程要求学生熟练运用统计软件进行数据的处理和分析，而这种能力的培养不是统计学一个学科就能实现的，它需要与数学、计算机等学科相结合，从而统计实验课程也随之变得更为重要。

统计学专业实验课程不同于其他一些实验课，不需要特定的实验地点，不需要特殊器械仪器，实验过程仅借助计算机软件和网络就能实现，常用的统计软件有 R、SPSS、Matlab、SAS、Stata 等。实验课程配合相应的理论课程开设，理论知识结合得非常紧密，但实验课的开设目的又和理论课有所不同，实验课程侧重于对统计软件的掌握，即对代码编写有着一定的技术要求，可以视为数理与计算机结合的课程。

近年来，关于高校非标准化考试，许多教育工作者提出并尝试了多种改革方式，如采取学生自主命题考试、翻转课堂及形成性评价与总结性评价相结合等考核制度。在研究方面，也有了很多成果，普遍的研究结论认为：标准化考试存在考核形式单一、考试内容局限、考核过程性不强、答案标准化、与实践结合不紧密等问题。李森林（2019）认为，标准化考试与应用型大学教学模式不相适应；选择题、判断题、填空题、简答题和计算题等题型远远不能考查学生的问题分析能力、设计能力、编码水平和创新能力等；而标准化答案使得学生偏向于死记硬背，助长侥幸之风。丁锦平等（2020）认为，实践类课程按照传统的闭卷考试方法进行试卷考核，题型基本固定，学生往往突击背诵而不重视平时的学习积累，考试过后很快就会忘掉，这种方式很难对学生进行正确的衡量评价。而非标准化考核方式的改革涉及形式、内容、评分等多个方面，不局限于标准化试题，而是尝试诸如小组课题等形式，侧重与实践相结合的综合能力测试，采用多元的评分机制。孙婧等（2016）、陈智等（2017）提出了小组互动与网络课堂相结合、翻转课堂与问题学习（problem-based learning，PBL）教学相结合的考核方式。

之前的学者的研究多从理论政策方面分析改革原因及其利弊，鲜有从实际调查出发，并通过数据分析的方式探究标准化和非标准化考核特点及其影响因素的研究。同时，之前的学者给足了理论依据，描述了考核方向，但很少有人真正给出具体专业的考核措施，尤其是像统计学这样理论和实践紧密结合的学科。所以本案例的创新点在于立足于实践，从实际调查和数据分析的角度出发，具体专业具体分析，针对统计专业，考虑应该设置什么样的考核方式、什么样的试题结构，以及什么样的评分机制等。

14.6.2 调查内容和调查方法

为探究非标准化考核的新形式，采用问卷调查的方法，共设计两份问卷，一份为普通问卷，一份为统计学专业问卷，针对不同的群体进行问卷调查。普通问卷发放给有计算机实验类课程的同学，专业问卷发放给统计学专业的同学。收集问卷数据后分别进行统计分析（图 14.3）。

选取云南大学数学与统计学院、软件学院、信息学院三个理工科学院的在校本科学生进行网络问卷调查，由于大一较少开设实验课，故调查对象为大二、大三、大四的学生。设计问卷两份，《实验课非标准化考核问卷一》为普通问卷，调查三个学院的学生，共发放问卷 240 份，收回有效问卷 221 份，有效样本比例为 92.08%。性别方面，有男生 122 人，女生 99 人（图 14.4）。年级分布较为均衡。其中，大二学生 74 人，占被调查人数的 33.48%；大三学生 80 人，占被调查人数的 36.20%；大四学生 67 人，占被调查人数的 30.32%（图 14.5）。《实验课非标准化考核问卷二》是针对性较强的问卷，围绕主题对统计专业的学生进行调查，故在问卷一的被调查者中抽取数学与统计学院统计系的学生进行随机抽样调查，发放问卷 50 份，有效问卷 42 份。

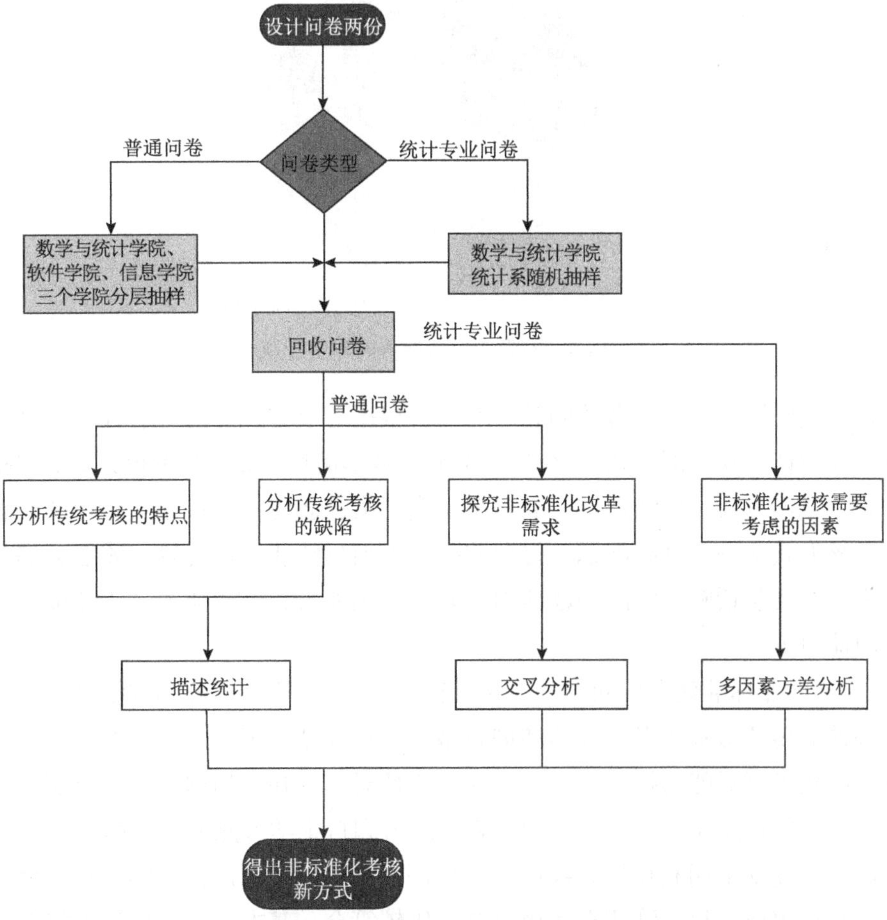

图 14.3　问卷调查分析流程图

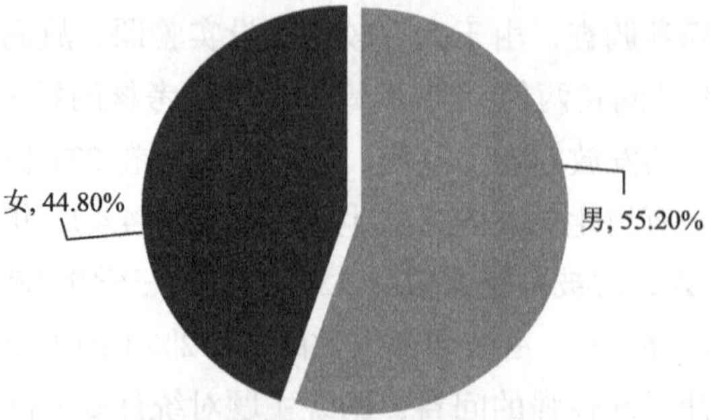

图 14.4　问卷一中被调查者性别比例

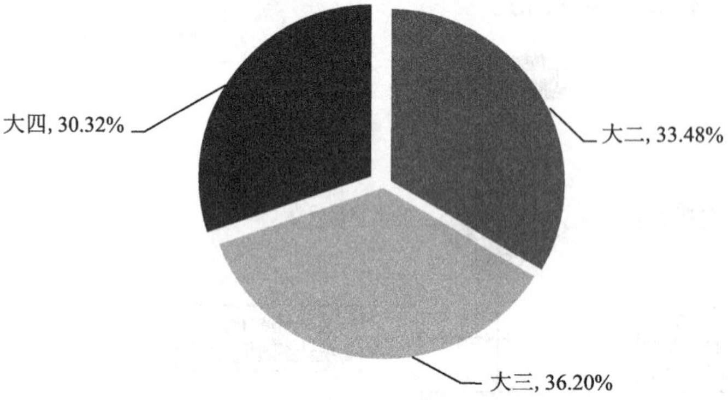

图 14.5　问卷一中被调查者年级比例

在《实验课非标准化考核问卷一》中，根据考核方式、内容、评价机制等，将该问卷设计为 4 个部分共 21 个题：①个人基本信息；②传统考核方式，包括考试方式、复习方式、成绩评定、通过率及满意度；③传统考核方式存在的问题，包括考核方式单一、抄袭问题、得分差距、不能反映能力提升等；④能力提升方式探索，主要包括解决实际问题能力、软件使用能力、合作能力、表达能力、自主学习能力等。

《实验课非标准化考核问卷二》由两个部分组成：第一部分调查统计学专业学生实验课的传统形式的考核成绩和创新型的考核成绩；第二部分调查标准化考试和非标准化考试对能力提升的得分情况，包括对理论知识的理解、解决实际问题的能力、软件运用能力、合作能力、表达能力和自主学习能力等方面。

两份问卷都采用利克特五级量表，是评分加总式量表最常用的一种。该量表由一组陈述组成，每一陈述有完全符合、比较符合、基本符合、比较不符合、完全不符合五种回答，分别用数字 5、4、3、2、1 表示，每个被调查者的态度总分就是他对各道题的回答所得分数的加总，这一总分可以说明他的态度强弱或他在这一量表上的不同状态。在问卷一的调查中，先选取数学与统计学院、信息学院、软件学院三个院系，再在各个学院内采用分层随机抽样的方法，将被调查的本科生按照年级分为大二、大三、大四三个层次，在每个层次内再进行简单随机抽样。分层抽样能够让每个学院不同年级的学生都能够被一定数量地抽到，从而使得样本的代表性比较好，抽样误差比较小。在问卷二的调查，随机抽取第一轮调查者中的数学与统计学院的部分学生，进行小规模针对性调查。

14.6.3　问卷调查分析

1. 基本思想

信度指的是测验结果的一致性、稳定性和可靠性，一般多用内部一致性来表示测验信度的高低。信度系数越高即表示测验的结果越一致、稳定和可靠。在对调查问卷的结果展开统计分析之前，必须对其信度加以分析，只有信度在相关研究可以接受的范围内，问卷统计的结果才是有价值的，才有进一步分析的必要。问卷信度分析包括内在信度分析和外在信度分析，内在信度分析重在考察一组评价项目是否在测量同一个概念，这些项目之间是否具有较高的内在一致性。一致性程度越高，评价项目也就越有意义，其评价结果的可信度就越强（杨维忠等，2019），本问卷调查分析主要是检验内在一致性。内在一致性一般用克龙巴赫 α 系数来检验：

$$\alpha=\frac{k}{k-1}\left(1-\frac{\sum_{i=1}^{k}\sigma_i^2}{\sigma_T^2}\right)$$

其中，k 是参与检验的题目项数；σ_i^2 是第 i 题得分的题内方差；σ_T^2 是全部题项总得分的方差。一般而言，克龙巴赫 α 系数达到 0.9 以上说明信度非常好，$0.8\leqslant\alpha<0.9$ 则说明可接受，$0.7\leqslant\alpha<0.8$ 则说明该量表需进行重大修订但不失价值，若在 0.7 以下则表明应该放弃（冯士雍等，2012）。

效度反映了对问卷的系统误差的控制程度。问卷调查的目的就是要获得高效度的测量与结论，效度越高表示该问卷测验的结果所能代表要测验行为的真实度越高，越能够达到问卷测验的目的，那么该问卷才准确而有效（宋肖肖等，2021）。通常采用方差比表示量表效度，采用效度的平方根表示效度系数。计算公式如下。

$$r_{xy}^2=\frac{\sigma_y^2}{\sigma_x^2}\Rightarrow r_{xy}=\sqrt{\frac{\sigma_y^2}{\sigma_x^2}}$$

其中，r_{xy}^2 表示测量的效度；r_{xy} 表示测量的效度系数；σ_y^2 代表有效变异系数；σ_x^2 代表总变异系数。采用因素分析法进行检验，如果效度系数大于等于 0.8，则说明效度高；如果 $0.7\leqslant r_{xy}<0.8$，则说明效度较好；如果 $0.6\leqslant r_{xy}<0.7$，则说明效度可接受；如果值小于 0.6，则说明效度不佳。

2. 检验结果

该问卷除基本信息部分外，其余三部分共 15 个题均为五级量表题，高分代表同意题目的观点。使用统计软件 SPSS 对问卷调查数据进行信度分析，样本量 221，克龙巴赫 α 系数值为 0.911，基于标准化项的克龙巴赫 α 系数值为 0.905，结果均大于 0.9（表 14.1），说明信度非常好。表 14.2 摘要项统计给出了各题目的平均值、最小值、最大值、方差等统计量，最小值为 3.208，最大值为 4.104，跨度不大，项方差为 0.087，差异较小。效度检验的结果如表 14.3 所示，效度系数为 0.947，表明数据效度很高。

表 14.1　可靠性统计

克龙巴赫 α 系数值	基于标准化项的克龙巴赫 α 系数值	项数
0.911	0.905	15

表 14.2　摘要项统计

指标	平均值	最小值	最大值	全距	最大值/最小值	方差	项数
项平均值	3.650	3.208	4.104	0.896	1.279	0.087	15

表 14.3　KMO 检验和巴特利特球形检验

指标		检验值
KMO 取样适切性数量		0.947
巴特利特球形检验	近似卡方	1689.707
	自由度	105
	显著性	0.000

3. 调查结果描述

1）传统考核方式的特征

对于实验课程的标准化考核方式考虑了 5 个问题，见表 14.4。由表 14.4 可以看出，标准化考核方式通常为统一试题的考试，即同一套试卷的闭卷考试或针对同一问题提交实验报告的考核形式。这样的考试形式导致有 47.96%的学生复习时完全符合突击记忆的方式，而这种复习方式就是为了考试而学习，对于知识的理解是不扎实的。同时，大多数学生表示实验课考核的评分方式是完全由老师评分，通过率普遍较高，得分差距不大，且大多数学生对现阶段的实验课考核方式是不够满意的。显然，传统考核形式衡量不出每个学生学习质量的优劣，对认真学习的学生不够公平，这就无法实现提高学生的学习和研究兴趣的改革要求。

表 14.4　实验课标准化考核方式　　（单位：%）

指标	完全不符合	比较不符合	基本符合	比较符合	完全符合
通常为统一考试	14.03	18.10	14.93	22.17	30.77
复习通常采用突击记忆的方式	4.98	4.98	12.67	29.41	47.96
成绩完全由老师评分	6.33	7.69	13.92	31.13	40.93
考试通过率很高	8.60	9.50	13.12	31.67	37.11
对标准化考试不够满意	8.14	9.95	19.91	31.22	30.78

2）传统考核的弊端

对于实验课传统考试存在的弊端考虑了 4 个问题，见表 14.5。由表 14.5 可以看出，大部分同学认为：考核性不强，抄袭借鉴严重，得分差距不大，对能力提升不大等。尤其是对能力的提升，有超过 60%的同学认为实验课的标准化考试对综合能力的提升不大，这就违背了实验课学习的基本目的。

表 14.5　传统考试存在的弊端　　（单位：%）

指标	完全不符合	比较不符合	基本符合	比较符合	完全符合
考核性不强	16.29	18.55	16.74	19.91	28.51
抄袭借鉴严重	16.74	16.29	15.84	23.98	27.15
得分差距不大	7.69	12.22	9.51	31.67	38.91
对能力提升不大	8.14	4.07	16.74	34.84	36.21

3）提升能力的因素探究

针对实验课传统考核存在的问题，探索解决这些问题的考试方式，即探索真正能提升能力的因素，将其纳入新的考核方式。根据文献资料，整理出以下几个需要考虑的方面，即对理论知识点的理解、解决实际问题的能力、软件运用能力、合作能力、表达能力、自主学习能力，分别用字母 A、B、C、D、E、F 表示。基于此，对同学们进行问卷调查，五级量表的 5 种程度分别记为 1～5 分，分数越高表示越需要这种能力。结果显示，6 个因素的星级得分平均值都大于 3 分，见表 14.6，即达到“基本符合”的程度，说明绝大部分同学认为提升能力确实需要考虑这几个方面的因素。

表 14.6　因素评分　　（单位：分）

指标	对理论知识点的理解	解决实际问题的能力	软件运用能力	合作能力	表达能力	自主学习能力
星级得分平均值	3.28	4.98	3.72	3.21	3.79	3.67

14.6.4　统计分析

1. 交叉分析

为探究在校本科生不同群体对实验课非标准化改革的需求，分别将性别、年级、成绩水平等变量与问卷中同学们对能力提升的需求选项进行交叉列联表分析，以了解不同性别、不同年级、不同基础的学生对实验课非标准化改革是否有不同的需求。使用《实验课非标准化考核问卷一》，问卷中使用五级量表收集的能力提升方式的选项，将基本符合、比较符合和完全符合（即对应的评分记为 3、4、5 分）的选项视为对该项有需求，而完全不符合及比较不符合（即对应的评分记为 1、2 分）的选项视为没有需求。

1）性别与能力提升测度项

对于能力提升的 6 个方面，男生和女生需求最高的都是解决实际问题的能力，该项需求占比男生达 86.9%，女生达 89.9%；其次，提升需求较高的是自主学习能力；而男女生需求差异较大的是软件运用能力和表达能力，男生对提升软件运用能力的需求远高于女生，而女生对提升表达能力的需求远高于男生；对于对理论知识点的理解以及合作能力，男女生需求都相对偏低（表 14.7、图 14.6）。

表 14.7　相关测度项之间的性别差异　　（单位：%）

指标	需要情况	男	女
对理论知识点的理解	需要	64.8	64.6
	不需要	35.2	35.4
解决实际问题的能力	需要	86.9	89.9
	不需要	13.1	10.1
软件运用能力	需要	83.6	75.8
	不需要	16.4	24.2
合作能力	需要	63.1	63.6
	不需要	36.9	36.4
表达能力	需要	79.5	88.9
	不需要	20.5	11.1
自主学习能力	需要	81.8	80.8
	不需要	18.2	19.2

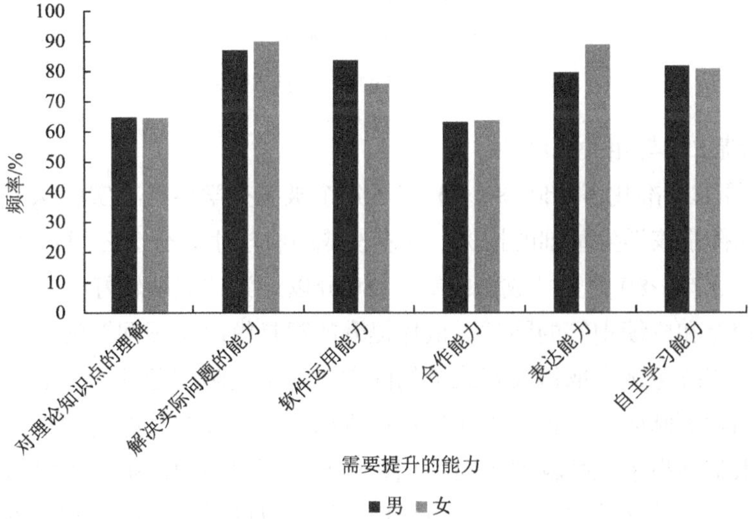

图 14.6　需要提升的能力的性别差异

2）年级与能力提升测度项

随着学习进程的不断深入，高年级的学生接触到更多的科研活动和社会实践，所以在能力提升需求上不同年级有一定的差异。依照上面的交叉分析方法，从结果来看，大二、大三、大四三个年级需求最高的是解决实际问题的能力，其次是自主学习能力；相比之下大二学生对能力提升的需求较为分散，对调查的几个方面的能力提升需求占比都相对较高，而大四学生对能力提升的需求相对集中，主要集中在解决实际问题的能力和自主学习能力上；对于对理论知识点的理解以及合作能力，三个年级的需求都相对偏低（图 14.7）。

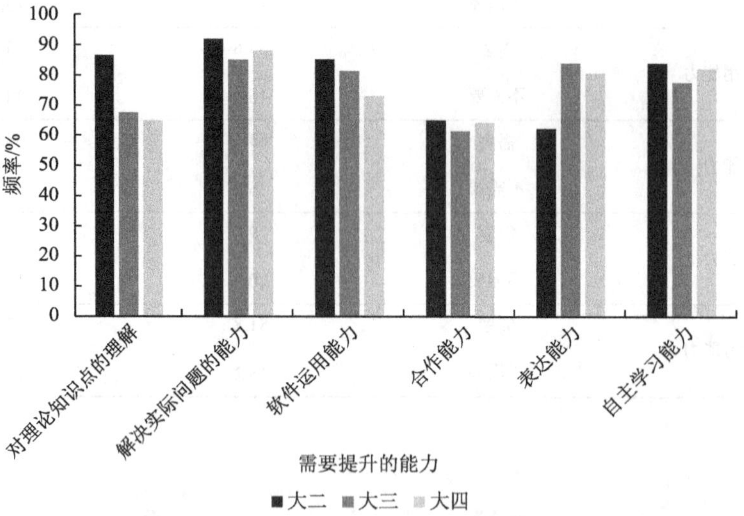

图 14.7　需要提升的能力的年级差异

3）成绩水平与相关测度项

《实验课非标准化考核问卷一》收集了每个被调查学生已有实验课考核的平均成绩，作为衡量该学生基础的指标。问卷按成绩将学生划分为三组：70 分以下为“成绩较差”、70～80 分为“成绩中等”、80 分以上为“成绩较好”。

成绩较差和成绩中等的同学，最想提升的都是解决实际问题的能力，与之相反的是，在传统考试中取得较好成绩的同学对解决实际问题的能力的需求是最低的，这类同学更倾向于考查理论知识点；成绩中等和成绩较好的同学在其余各个方面的需求都远高于成绩较差的同学（图 14.8）。所以能力的提升可以从考查实际问题入手，让基础好的同学不再局限于理论知识点的考试，而基础不够好的同学能够从实际问题入手，在实践中掌握知识，提升专业能力。同时应该兼顾其余方面的考查，让基础好的同学在提升专业技能之余能够全面发展，而鼓励基础不好的同学积极提升自我。

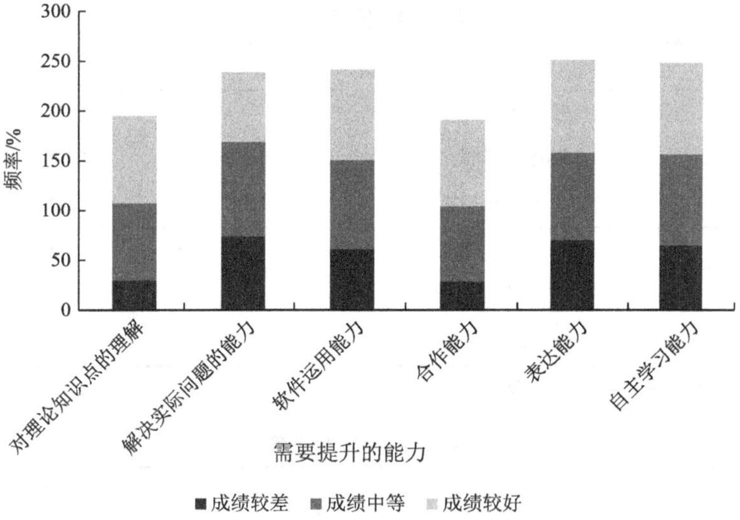

图 14.8　需要提升的能力的成绩差异

2. 多因素方差分析

为探究影响综合能力提升的因素,《实验课非标准化考核问卷二》选取同一学期的两门统计专业课：计量经济学实验和应用回归分析实验。其中，计量经济学实验采用的是统一题目提交实验报告的考核方式，而应用回归分析实验采用的是自选课题以小组的形式进行研究汇报并形成论文的方式，这两门课的考试分别代表了传统考核方式和非标准化考核方式。问卷二调查了 42 名同学在这两门实验课考试后的能力提升情况。

规定每个方面的能力为一个因子，分别记为因子 A、B、C、D、E、F，其中因子 A、B、C 统称为专业技能因子，而 D、E、F 统称为全面发展因子。能力提升得分为 1～5 分即视为每个因子的 5 个水平，得分越高代表这一方面的能力提升越大，则该因素越重要。6 个因子的得分总和为因变量“综合得分”，即 T=A+B+C+D+E+F（表 14.8、表 14.9）。

对问卷二中收集的关于两门实验课考核后能力提升情况数据进行分析，将 6 个方面的因素分为两大类：一是专业技能因素，二是全面发展因素。每个大类下有三个 5 水平因子，以综合得分为因变量进行多因素方差分析，探究这些因子不同水平对综合能力提升的影响是否显著，选择出影响显著的因子。

表 14.8　因子说明

指标	因子	符号	水平
专业技能	对理论知识点的理解	A	1、2、3、4、5
	解决实际问题的能力	B	1、2、3、4、5
	软件运用能力	C	1、2、3、4、5
全面发展	合作能力	D	1、2、3、4、5
	表达能力	E	1、2、3、4、5
	自主学习能力	F	1、2、3、4、5

注：因变量为综合能力 T=A+B+C+D+E+F。

表 14.9　因子各水平含义

水平	含义	重要程度
1	对综合能力提升非常小	*
2	对综合能力提升较小	**
3	对综合能力提升一般	***
4	对综合能力提升较大	****
5	对综合能力提升非常大	*****

1）专业技能方差分析

对专业技能因子 A、B、C 进行有交互作用的多因素方差分析。因子 B 和 C 的检验 p 值低于检验水平 0.05，差异显著；在检验水平 0.05 下，因子 A 不显著，即不同水平的解决实际问题的能力和软件运用能力对综合能力提升的影响有显著差异，而对理论知识点的理解对综合能力提升的影响是不显著的。在检验水平 0.05 下，A、B、C 三个因子的交互作用也不显著（表 14.10）。再用最小显著性差异（least-significant difference，LSD）方法进行因子各水平间的多重比较，发现 A、B、C 单个因子各水平间都存在显著的差异。同时，由图 14.9 可以看出，A、B、C 三个因子不同水平下的因变量估算边际平均值，重要程度越大的因子水平对应的因变量估算边际平均值越大；三个因子对应的因变量估算边际平均值构成的轮廓图既不相似也不重合，说明三个因子交互作用不显著。

表 14.10　专业技能方差分析

来源	平方和	自由度	均方	F	p
修正模型	796.071	22	36.185	12.062	0.000

续表

来源	平方和	自由度	均方	F	p
截距	8 787.051	1	8 787.051	2 929.017	0.000
A	27.276	3	9.092	3.031	0.055
B	87.138	3	29.046	9.682	0.000
C	31.270	3	10.423	3.474	0.036
A×B	11.494	3	3.831	1.277	0.311
A×C	4.349	3	1.450	0.483	0.698
B×C	6.211	3	2.070	0.690	0.569
A×B×C	15.805	2	7.902	2.634	0.098
误差	57.000	19	3.000	—	—
总计	16 359.000	42	—	—	—
修正后总计	853.071	41	—	—	—

注：因变量为 t；R^2=0.933（调整后 R^2=0.856）。

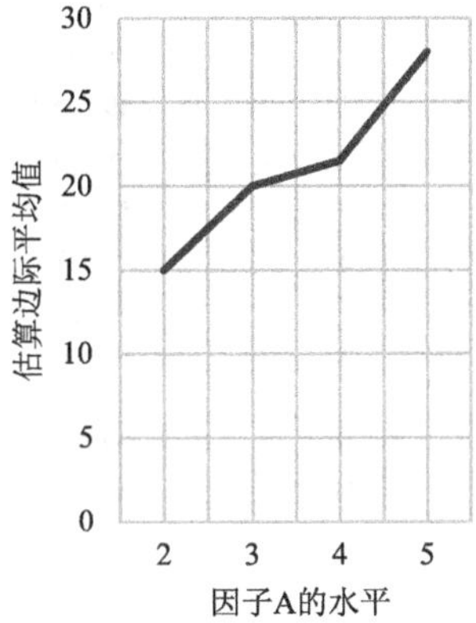

(a)A

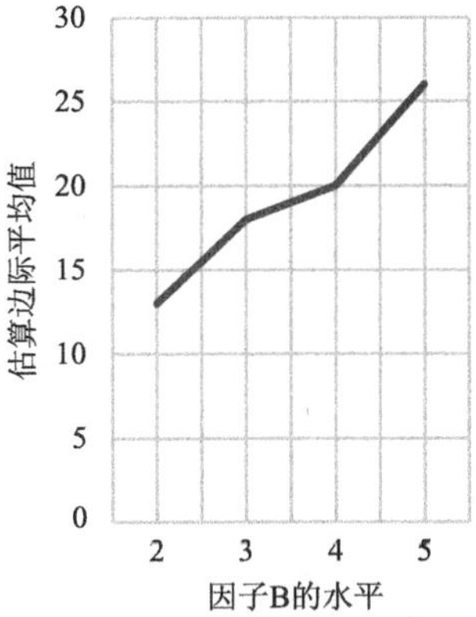

(b)B

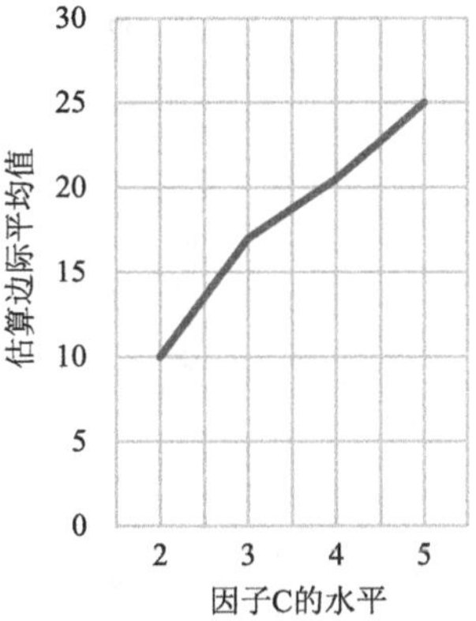

(c)C

图 14.9　A、B、C 三因子轮廓图

2）全面发展方差分析

对全面发展因子 D、E、F，考虑了类似的有交互作用的多因素方差分析。因子 D 和 F 的检验 p 值低于检验水平 0.05，差异显著；而在检验水平 0.05 下，因子 E 不显著，即不同水平的合作能力和自主学习能力对综合能力提升的影响有显著差异，不同水平的表达能力对综合能力提升的影响差异是不显著的。在检验水平 0.05 下，D 分别与 E、F 两个因子的交互作用不显著，但是三者之间的同时交互作用是显著的（表 14.11）。再用 LSD 方法进行因子各水平间的多重比较，发现 D、E、F 单个因子各水平间都存在显著的差异。同时，由图 14.10 可以看出，D、E、F 三个因子不同水平下的因变量估算边际平均值，重要程度越大的因子水平对应的因变量估算边际平均值越大；三个因子对应的因变量估算边际平均值构成的轮廓图既不相似也不重合，说明三个因子交互作用总体仍不够显著。

表 14.11　全面发展方差分析

来源	平方和	自由度	均方	F	p
修正模型	789.238	20	39.462	12.982	0.000
截距	7 490.458	1	7 490.458	2 464.224	0.000
D	37.062	3	12.354	4.064	0.020
E	15.429	3	5.143	1.692	0.199
F	90.033	3	30.011	9.873	0.000
D×E	5.266	2	2.633	0.866	0.435
D×F	0.114	1	0.114	0.037	0.849
E×F	3.672	3	1.224	0.403	0.753
D×E×F	0.000	0	0.000	0.000	0.000
误差	63.833	21	3.040	—	—
总计	16 359.000	42	—	—	—
修正后总计	853.071	41	—	—	—

注：因变量为 t；R^2=0.925（调整后 R^2=0.854）。

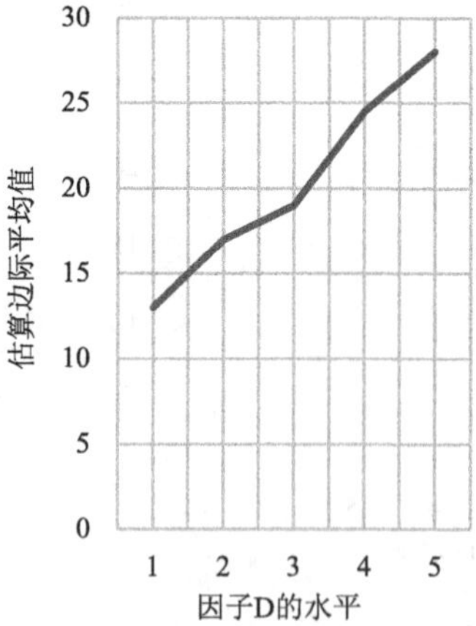

(a)D

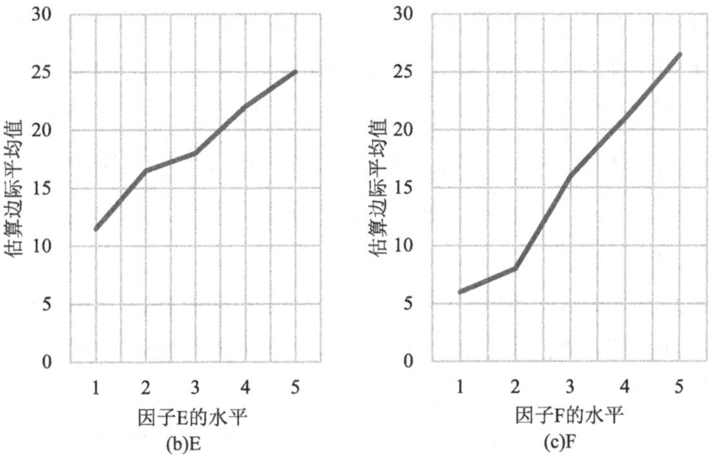

图 14.10　D、E、F 三因子轮廓图

14.6.5　调查结论

传统实验课考核形式单一、答案标准化、考试内容局限、考核过程性不强、与实践结合不紧密；通常为统一试题的考试，这样的考试形式导致绝大部分学生复习时都采用突击记忆的方式，且抄袭借鉴严重；同时成绩完全由老师评分，通过率普遍较高，得分差距不大。因此，衡量不出每个学生学习质量的优劣，对综合能力的提升不大。

综合能力的提升要突破理论考试的局限，考虑多方面的因素：对理论知识点的理解、解决实际问题的能力、软件运用能力、合作能力、表达能力、自主学习能力等。在考查专业技能的同时得到全面发展，既是学生群体对非标准化改革的需求，也是培养人才的必由之路。

不同性别、不同年级的学生对能力提升需求最大的都是解决实际问题的能力，而不同成绩水平的学生中，成绩较差和成绩中等的学生对解决实际问题的能力需求也是很大的，但以往成绩较好的学生适应传统考核形式，更倾向于对理论知识的考查。对于对理论知识点的理解以及合作能力的需求，各年级男女学生都偏低。性别方面的差异主要表现在男生对提升软件运用能力的需求远高于女生，而女生对提升表达能力的需求远高于男生；年级方面的差异主要表现在大二学生对能力提升的需求较分散，对调查的几个方面的能力提升需求占比都相对较高，而大四学生对能力提升的需求相对集中，主要集中在解决实际问题的能力和自主学习能力上。

将综合能力分为专业技能类和全面发展类两个角度分别进行分析。多因素方差分析结果表明，不同水平的解决实际问题的能力和软件运用能力对综合能力提升的影响有显著差异，而对理论知识点的理解对综合能力提升的影响不显著，因子间的交互作用也不显著。不同水平的合作能力和自主学习能力对综合能力提升的影响有显著差异，不同水平的表达能力对综合能力提升的影响差异不显著，因子间的交互作用也不显著。

通过问卷调查和统计分析，对统计学专业实验课考核的非标准化改革给出以下建议：应对实验课传统考核形式进行改革，不再进行统一试题的知识点考查，避免学生死记硬背的学习方式和突击记忆的复习方式；针对统计学专业实验是训练数据分析能力、进行计算机实验的特点，不再采用统一题目提交试验报告的传统形式，避免学生抄袭借鉴、分数集中的情况。

14.6.6　实验课考核的非标准化改革的建议

依据显著影响统计学专业的学生综合能力的因素，建议采用如下考核形式：①平时测验可采用不统一试题的方式，进行随机抽题的实验考核，以巩固专业知识、训练统计软件的使用能力。②考核成绩可包含平时课堂交流等方面，鼓励学生在课堂上讲解相应课程的拓展知识，师生一起评分，激发学生的自主学习能力。③期末考试以解决某一实际问题为目的，组成男女生合作的学习小组，不同优势、不同需求的学生负责不同的任务板块进行问题的探究，包括搜集资料、数据分析、演讲汇报、形成论文等多个板块，在实际问题中深入理解专业知识，促进全面发展。

14.6.7　结束语

大数据背景下的统计学课程，要求学生不仅掌握理论知识，还要能够灵活运用软件进行数据分析，解决实际问题，提升综合素质，培养适应现代化企业的技术人才。从学生的需求和社会的需要出发，实验课的非标准化改革应该着重考查学生对理论知识点的理解、解决实际问题的能力、软件运用能力、合作能力、表达能力、自主学习能力等。

实验课考核的非标准化改革应该把握以下几个方向：①实际问题。新的考核方式应以实际问题为背景，探究解决方法。②均衡发展。不同性别的学生在能力方面有不同的优势和需求，考核方式应融合女生需要的表达能力考查和男生需要的软件运用能力考查。③逐级递进。低年级的考查注重学科基础，高年级的考查注重专业技能和合作、表达等能力，以适应即将步入的工作岗位。④全面发展。非标准化的考核应兼顾专业素养和综合素质两个方面。

14.7　案例七：数学分析开设实验课的探讨——以云南大学数据科学与大数据技术专业为例

🕮案例说明

根据云南大学数据科学与大数据技术专业的人才培养目标，结合学科基础课程数学分析长年的教学经验，阐述建设数据科学与大数据技术专业数学分析实验课对实现大数据人才培养的重要意义，并提出建设思路。

14.7.1　数据科学与大数据技术专业的发展现状

作为一门新兴专业，数据科学与大数据技术在专业建设中有许多问题需要进行深入探讨。每个获批该专业的学校都在学习、摸索、借鉴和探索符合自身学校特色的专业建设思路和模式。例如：复旦大学的数据科学与大数据技术专业设在大数据学院下，采取“2+2”的本科大数据培养模式。招生对象为数学科学学院、计算机科学技术学院、管理学院相关专业大二在校学生，通过大三、大四在复旦大学大数据学院的学习，达到学位要求者授予原学士学位，并在原专业方向上加注数据科学与大数据技术方向。复旦大学的培养目标强调学科融合，根据不同融合方向，设有四种培养方案，分别为“自然科学类”“技术科学类”“经济管理类”“数学类”。北京大学数据科学与大数据技术专业（理学学士）隶属于北京大学数学科学学院，倾向于数学思维与方法的培养；其课程设置偏向理工科，要求学生有深厚的数学和计算机程序设计的功底，能够顺利运用统计分析、机器学习、分布式处理等技术，从大量数据中提取有用的信息，服务于科学研究和生产实践，再利用可视化技术，浅显易懂地传达给决策者。

显然，上述不论哪种培养模式都是根据自己的传统优势领域，从大数据专业人才的市场需求三大方向，即大数据系统研发类、大数据应用开发类、大数据分析类制定的。

14.7.2 云南大学数据科学与大数据技术专业的特点

云南大学数据科学与大数据技术专业于 2018 年获批，2019 年开始招生，隶属数学与统计学院，培养大数据分析类人才。该专业学生需要具备从大量的、不完全的、含噪声的数据中挖掘出有用数据，再基于这些数据进行统计分析，获得最具价值的预测结果的能力。

为了强化学生统计方法的应用技能，尤其是对大数据的分析和应用，云南大学数据科学与大数据技术专业的核心课程除了已有的与计算机程序语言相关的课程外，还为所有与统计方法相关的课程开设了相应的实验课程，其目的就是将计算机算法与专业课程内容紧密联系，以提高学生的实践应用能力。

然而，作为社会稀缺的大数据人才，不仅需要熟悉统计方法与计算机程序语言，还需要在此基础上加深对数学基础理论的理解，以拓宽对统计学和计算机科学的认识。因此，数据科学与大数据技术专业的数学类基础课程的设置，也应该强调实践与理论相结合。

14.7.3 数学分析实验课建设意义

数学分析是云南大学数学与统计学院的一门核心基础课，它是针对数学与统计学院的大一新生设置的专业必修课。数学分析又称为高级微积分，是分析学中最古老、最基本的分支。它是学生学习实变函数、复变函数、概率论与数理统计等后续课程的先修课程，也是应用数学解决实际问题或进一步深入数学理论研究的基础。

数学分析学习内容较多，难度较大，学生在学习过程中普遍反映难学，难以把握数学分析的理论和思想方法。他们觉得课堂上好像听懂了，但课后作业不会做，为此云南大学数学与统计学院还为该门课程配置了习作课程：一方面，针对数学分析教学内容的重点和难点，进行习题的强化训练，加强和巩固学生的学习成果；另一方面，其根据教学难点，设计理论探索问题，通过研讨式教学模式，指导学生阅读中、外参考文献资料，查阅期刊，以训练学生由“学”到“研”的思维模式，培养学生自主学习及独立钻研的能力。

和数学与统计学院其他专业相比，数据科学与大数据技术专业的学科交叉性更为明显：数学和统计学是其理论基础，计算机科学是其应用基石。因此，通过建设数学分析实验课，将该专业的数学分析课程做适当调整，融入大数据密切相关的教学内容和教学方法，对提高该课程的教学效率，实现该专业的培养目标，为社会输出复合创新型大数据人才都具有现实意义。

14.7.4　数学分析实验课建设思路

数学分析实验课的教学目的是在学生掌握数学分析理论知识的基础上，引入数学建模思想，将所要研究的实际问题转化为数学模型，并通过计算机程序设计，进行计算，甚至证明和推导，得出有用的结论或新的发现，从而提升学生对数学知识的应用能力和创新思维。其教学内容是围绕数学分析课程相关知识点，以实际问题为载体，融入数学建模和数值计算的思想，设计实验题目，在教师指导下，由学生完成程序设计和计算过程。数学分析实验课可与数学分析课程在同一学期开设，只需在数学分析课程授课 6 周后开始。

由于云南大学数学与统计学院数据科学与大数据技术专业授予的是工科学位，所以其数学分析课程授课总时长仅为两个学期。为了配合数学分析的教学内容，数学分析实验课也可开设两个学期，初步设计总学时为 18 个学时。具体教学安排如下：①第一学期讲授计算机语言基础，主要讲授 Python 语言，如利用 Python 语言处理函数图像，进行极限计算、导数运算和积分运算等，共 10 学时；②第二学期讲授级数求和、偏导数、全微分、重积分、曲线积分与曲面积分计算，共 8 学时。

每个知识点的讲授都用某个实际问题引入，同时要求学生在案例基础上进行相应的延展，以训练数学建模的能力。

在教学过程中，通过教师演示案例，学生实践案例并做延展，完成实验报告。利用实验报告题目和内容的设计，通过解决实际问题培养学生的动手能力、编程能力和创新意识，逐步熟悉数学基础理论应用的基本方法，加深学生对数学分析难点的理解，帮助学生理解数学分析理论知识中的关键点。期末成绩由实验报告完成情况决定，每个知识点涉及一个规定实验和一个自拟实验。实验报告设计见表 14.12。

表 14.12　实验：一元函数极限问题示例

实验名称	实验目的	程序设计	运行结果
计算 $\lim\limits_{x\to-\frac{1}{2}}\frac{1-4x^2}{2x+1}$	学会 Python 语言计算极限	from sympy import* x=Symbol('x') s=(1-4*x**2)/(2*x+1) print('函数的极限为：', limit(s,x,-$\frac{1}{2}$))	2

续表

实验名称	实验目的	程序设计	运行结果
产品利润中的极限问题：已知成本函数为 $C(x)=10+\sqrt{1+x^2}$ ，计算产品产量 x 趋近于无穷时的平均成本	学会Python语言计算产品产量很大时的平均成本问题	from sympy import* x=Symbol('x') s=(10+pow((1+x**2),0.5)/x print('函数的极限为：', limit(s,x,oo)	1

通过实验课教学，能够使抽象的数学知识可视化，枯燥的计算程序化。数学分析实验课的建设，不仅有效地提高了数学分析课程的教学效率，还进一步培养了学生分析问题、解决问题的实践能力，激发了学生学习数学的兴趣和创新意识。

14.7.5　结束语

数学分析实验课的建设是数据科学与大数据技术专业数学分析课程改革的新思路。数学分析实验课建设，一方面，凸显了理论与实践相结合、边讲理论边实践的课程教学模式，能为学生创造思考的空间，扩展学生的思维，激发他们的学习热情；另一方面，可以夯实学生的数学基础理论知识，有助于加深学生对统计学和计算机科学的深入了解，提升学生的理论学习能力，以培养高质量的大数据人才！

14.8　案例八：实践教学案例之社会调查——以 2019 年云南省食用野生菌消费者问卷调查为例

案例说明

为提升学生的调查实践能力，依托云南省市场监督管理局委托项目，云南大学数学与统计学院组织统计学专业部分研究生和本科生，对云南省内 6 个食用野生菌交易市场进行了定点拦截问卷调查，深入了解了云南省各地区的营养健康和野生食用菌食用习惯等基本情况。作为课程抽样调查和统计案例分析这两门课程的实践教学，侧重培养学生参与问卷调查、认定总体、确定样本量和获取样本、进行数据的整理和预处理、基于 SPSS 统计软件进行数据分析的能力。

为准确把握云南省各地区野生食用菌食用现状，深入了解云南省各地区的营养健康和野生食用菌食用习惯等基本情况，使制定的《云南常见野生食用菌名录》标准更加全面、更加贴近实际，降低广大群众采摘和食用野生菌的安全风险，有效解决因对有毒野生菌种类辨别不清，有毒无毒混淆食用，或加工制作不当，或抱着侥幸心理食用有毒野生菌中毒事件的发生，使云南省野生食用菌产业健康有序发展，助推云南省野生食用菌贸易增长，进行了云南省野生食用菌消费者问卷调查。本次调查将通过深入了解云南省各地区的营养健康和野生食用菌食用习惯等基本情况，为《云南常见野生食用菌名录》标准制定工作提供支持。

14.8.1　调查基本情况介绍

按照《标准起草及营养和食用习惯调查组关于〈云南常见野生食用菌名录〉调查工作方案》，结合云南省实际和调查可执行性，云南云测质量检验有限公司于 2019 年 8 月 13 日至 9 月 7 日采用定点调查的方式，对云南省 6 个食用菌交易市场食用野生菌经营者和消费者进行了定点拦截访问调查。本次调查共招募调查员 60 余名，由云南云测质量检验有限公司职员和在校本科生、硕士研究生组成，所有调查员分成了 4 个调查小组。本次调查采用定点拦截式访问，要求在 6 个典型野生菌交易市场完成计划的问卷数量。根据受访者回答问题的能力差异，问卷主要采用读录法和受访者自填两种方式进行：读录法是由访问员读出题目及选项，受访者作答，并由访问员代填问卷；自填是由受访者在访问员辅助下自行完成问卷填写。本次调查中，根据 6 个食用菌市场经营的规模大小和访问难易程度计划调查问卷完成数量，昆明木水花野生菌批发市场完成调查问卷 600 份，其余 5 个野生菌交易市场分别完成问卷 400 份，合计计划完成问卷 2600 份，而实际调查获得 3031 份样本，其中有效样本 2942 份，有效率 97.06%，具体数据见表 14.13。

表 14.13　云南省常见野生食用菌营养和食用习惯问卷调查基本情况表（单位：份）

序号	调查地点	调查时间	店铺经营者问卷数量	摊贩问卷数量	消费者问卷数量	合计
1	昆明木水花野生菌批发市场	2019 年 8 月 13～15 日	82	316	199	597
2	楚雄南华野生菌交易市场	2019 年 8 月 22～23 日	62	153	188	403
3	玉溪易门野生菌交易中心	2019 年 8 月 22～23 日	0	181	220	401
4	香格里拉野生菌交易市场	2019 年 8 月 29～30 日	0	229	276	505
5	普洱思茅五一农贸市场	2019 年 8 月 29～30 日	17	248	230	495
6	西双版纳集贸市场	2019 年 9 月 6～7 日	0	114	427	541
合计			161	1241	1540	2942

本次调查实施组建了专门的调查团队，团队成员包括研究人员、实地访问员、执行督导、质量控制人员和数据分析人员。调查实施之前，所有参加调查的执行督导、实地访问员和质量控制人员都需经过专门的调查培训，并进行一定数量的模拟调查和试调查问卷。调查实施过程中，调查实施机构的执行督导应全面负责各环节的质量控制工作，确保调查数据的真实性。调查完成后，调查实施机构应及时对调查数据进行复核。本次调查采用的是纸质问卷，这给我们的数据整理带来了一些问题，包括问卷中有些题目选项或答案缺失、问卷回答者不在界定的调查范围内和存在一些明显的错误等。对这些问题，如果能明显判定错误并能纠正，我们更正后还是作为有效问卷，如果不能只能作为无效问卷。使用克龙巴赫 α 系数对调查问卷的内部一致性信度进行了检验，基于调查问卷结果计算得到克龙巴赫 α 系数的值为 0.856（大于检验的阈值 0.80），表明本次调查结果具有较高的可靠性，可用于后续分析。

14.8.2　数据分析思路及过程

为了充分挖掘数据中的信息，培养学生的数据分析能力，首先，基于 SPSS 统计软件，对具有不同特征的调查对象进行画像，包括对性别、年龄、婚姻状况、文化程度和职业学历的描述性统计分析；接下来，对受访者的自我评价和病史填写做统计分析，反馈其健康状况；然后，反馈受访者食用野生菌的习惯、种类、食用频率、食用野生菌来源方式，以及野生菌食用常识等，并对具有不同特征的调查者与这些指标做交叉分析和交叉关联分析，探索受访者健康状况与野生菌食用习惯的相关性；最后，给出影响食用野生菌安全性的相关因素，为降低消费者食用野生菌的中毒风险和保障消费者身体营养健康提供必要的野生菌食用建议。

1. 调查对象画像

此次调查中，全部受访者中女性稍多于男性，分别约占比 54%和 43%，有约 3%的受访者性别未填写（图 14.11）。

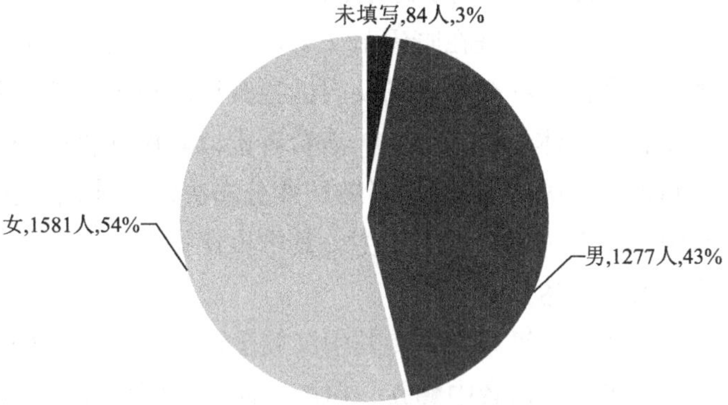

图 14.11　受访者性别分布图

此次受访者的年龄跨度很大，最小年龄 13 岁，最大年龄 87 岁，平均年龄在 42 岁，其中，近 90%的受访者的年龄集中在 20～64 岁。分别按照下列标准将其分为青年、中年和老年组：13～44 岁，青年组；45～59 岁，中年组；60 岁及以上，老年组。由于本次调查是在 6 个有代表性的交易市场进行的拦截访问，不控制受访者的年龄层，所以年龄跨度较大，不同交易市场的受访者的年龄分布也存在一定的差别（图 14.12）。

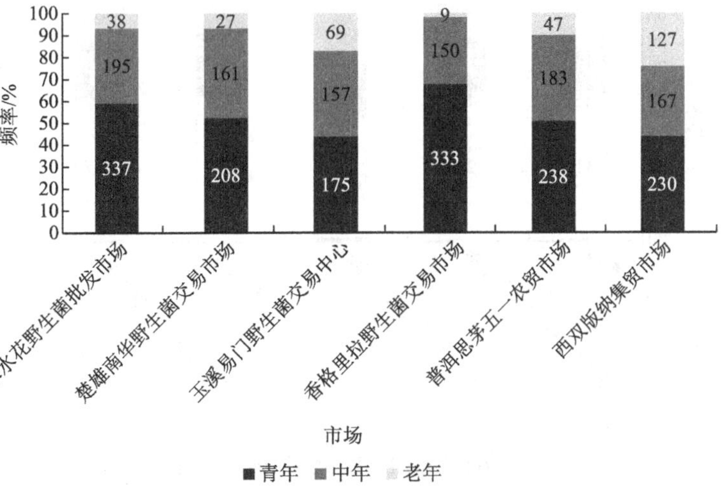

图 14.12　6 个调查地点受访者年龄段分布

注：各市场回收问卷中有部分受访者没有填写年龄指标，图中未体现相应的数据

此次受访者的80%以上为已婚人群，部分未婚和丧偶、离异人群，还有部分人群婚姻状态未填写，这与受访者的年龄分布刚好吻合。本次调查受访者的职业分布中，农民占比最多，其次为自由职业者，两者的比重超过70%，其余职业种类人群合计不到30%。其中需要指出的是，其他类中近一半调查者是个体经营者、学生和退休人员，这与本次调查在野生菌交易市场访问有关，因调查地点野生菌交易市场多在城乡接合部，在交易市场及附近拦截访问对象，摊贩和店铺经营者以农民、自由职业者和个体经营者为主，消费者也以农民和自由职业者为主，这是由调查方式及调查地点决定的。受访者的职业分布决定了他们的文化学历不高，其学历分布以高中、中专及以下学历为主，其中占比排在前三位的初中、小学和高中、中专的受访者合计达到76.2%。

此次调查中，受访者以汉族为主。其中汉族受访者占67%，少数民族受访者占27%。794位少数民族受访者中彝族、白族、傣族和藏族等4个民族较多，这是由于6个调查地点中有3个位于云南少数民族聚居地楚雄（彝族）、西双版纳（傣族）和香格里拉（藏族），从6个调查地点的细分统计中可以发现，6个调查地点有着明显的民族地区分布特点。

通过受访者的自我评价和病史填写反馈其健康状况。受访者健康状况的自我评价结果显示，平均超过80%的受访者表示身体状况好或较好，仅有7%的受访者表示身体状况较差或者差，约有3%的受访者不清楚或未填写自身健康状况。从6个调查地点的细分统计（图14.13）可以发现，受访者对身体状况的自我评价分

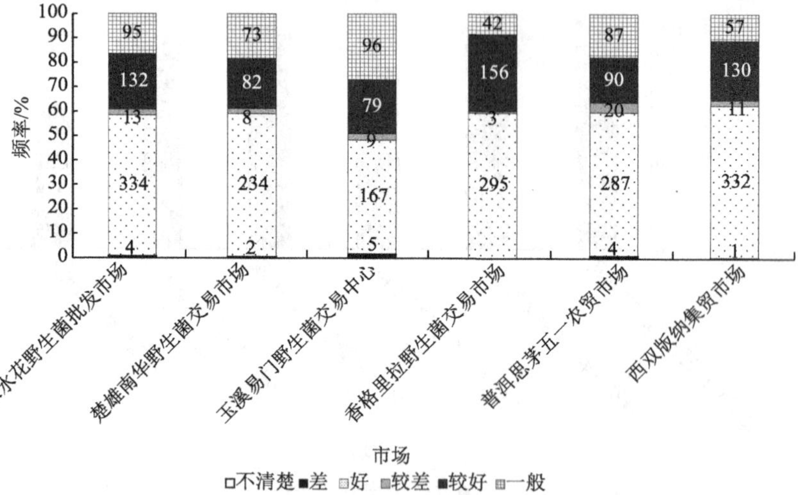

图14.13　6个调查地点受访者健康自我评价情况

注：各市场回收问卷中有部分受访者没有填写健康状况指标，图中未体现相应的数据

布基本一致，差异较小，自我评价好和较好占比较高，所有调查点两项合计均超过 70%，其次是感觉一般。

2. 受访者野生菌食用反馈结果的统计分析

对受访者的不同特征和身体状况的统计描述表明，此次的受访者具有广泛的代表性，基于这些受访者的调查结果具有普遍性。接下来，对受访者野生菌食用反馈的结果做统计分析。

此次受访者有食用野生菌习惯的占比达 89.78%。有食用野生菌习惯的受访者中，食用野生菌习惯有五年时间以上的人超过 80%，其中，食用习惯超过十年的占比为 65.2%，食用习惯五年以内的占比 9.6%。由图 14.14 可知，在 6 个调查点中，昆明木水花野生菌批发市场、楚雄南华野生菌交易市场、玉溪易门野生菌交易中心、香格里拉野生菌交易市场、普洱思茅五一农贸市场被调查者中食用野生菌的比例都超过 90%，只有西双版纳集贸市场受访者食用野生菌比例仅有 75.23%，明显低于其他 5 个调查点。

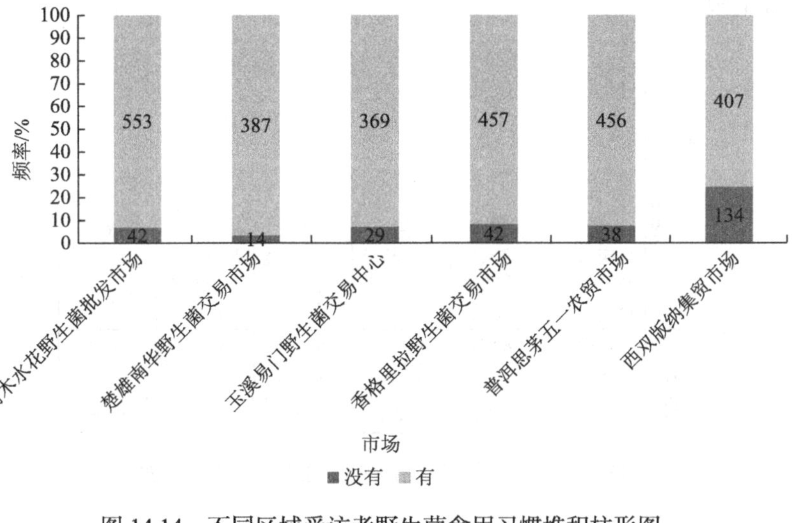

图 14.14　不同区域受访者野生菌食用习惯堆积柱形图

注：各市场回收问卷中有部分受访者没有填写野生菌食用习惯指标，图中未体现相应的数据

受访者经常食用的野生菌品种中，排名前五位的是牛肝菌（见手青）、鸡纵菌、干巴菌、松茸、奶浆菌，尤其是牛肝菌（见手青）和鸡纵菌，超过 60%的受访者表示经常吃这两类野生菌；其次，羊肚菌、北风菌（又称冻菌、一窝羊）、刷把菌（又称珊瑚菌、扫帚菌）、金针菇、香菇、鸡油菌和红菌（又名正红菇、真红菇、

红椎菌)，这七类野生菌也是饭桌上的常见品种；其他种类的野生菌在经常食用的名单中被选中的频率相对较低。从所有受访者的反馈综合来看，牛肝菌（见手青）和鸡纵菌是最受欢迎的菌种，但不同地区经常食用野生菌的品种还是存在较大的差异。

此次调查发现，全部受访者食用野生菌的地点在家食用的占比 85%，在饭店食用的占比 12%。因为本次调查的地点决定受访者的局限性，所以其代表性非常有限，只能说明此次的受访者在家烹饪食用野生菌的比例较高，并不代表全省的居民食用地点比例情况。同时，也应值得注意的是，因该样本中主要受访者是农民和自由职业者，其在家食用野生菌比较多，食用野生菌的安全性问题也可能会比较突出。

从 6 个调查点细分统计（图 14.15）中也可以看出，各区域受访者在家食用野生菌的比例没有明显差异。除西双版纳集贸市场外，其余 5 个市场的该比例均在 85%～91%。仅有玉溪易门野生菌交易中心受访者在家食用野生菌的人群占比达到 90%以上，说明玉溪易门野生菌交易中心受访者相比其他地区的受访者更爱在家食用野生菌。

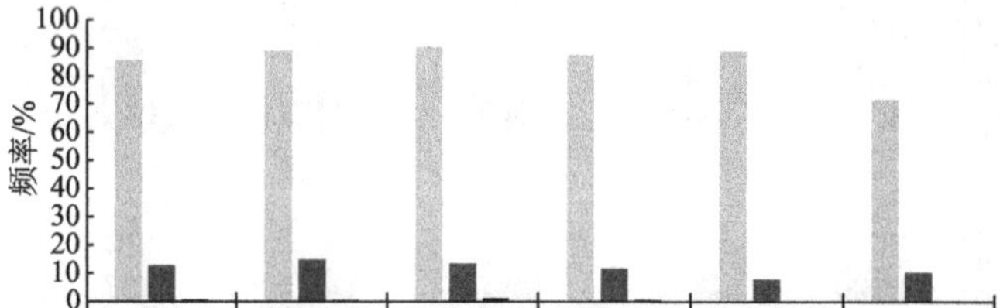

	昆明木水花野生菌批发市场	楚雄南华野生菌交易市场	玉溪易门野生菌交易中心	香格里拉野生菌交易市场	普洱思茅五一农贸市场	西双版纳集贸市场
在家	85.6%	88.8%	90.3%	87.5%	89.1%	71.7%
饭店	12.7%	14.9%	13.5%	11.7%	8.1%	10.5%
其他	0.7%	0.5%	1.2%	0.6%	0.0%	0.0%

图 14.15　不同区域受访者食用地点堆积柱状图

此次调查调查了受访者食用野生菌的频率情况，主要分为每日食用、每周食用、每月食用和每年食用四个层次的食用频率。调查结果汇总见图 14.16。由图 14.16 可以发现，全部受访者食用频率主要是每周食用，其次是每月食用，每日高频食用和每年低频食用频率较低。其中，每周食用排名前 5 的品种与受欢迎排名前 5 的野生菌品种一致。

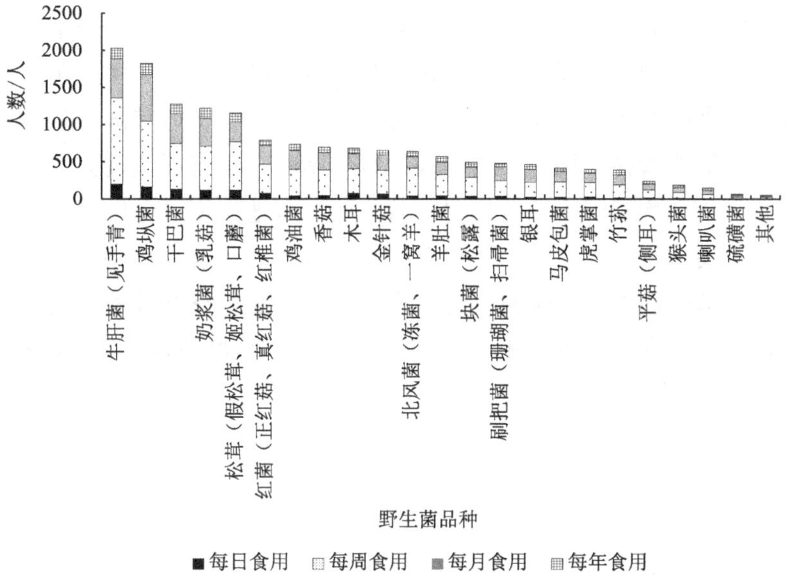

图 14.16　全部受访者食用野生菌品种食用频率堆积柱形图

3. 受访者食用野生菌的主要来源方式分析

从调查结果（图 14.17）可以发现，全部受访问者中购买野生菌食用的人数最多，同时也有近 40%的受访者会自己采摘食用野生菌。较多受访者自己采摘食用野生菌，在没有正确的野生菌安全食用常识情况下，可能带来较高的食用安全隐患，这就需要食品安全监督管理部门加强安全食用野生菌知识的普及工作。

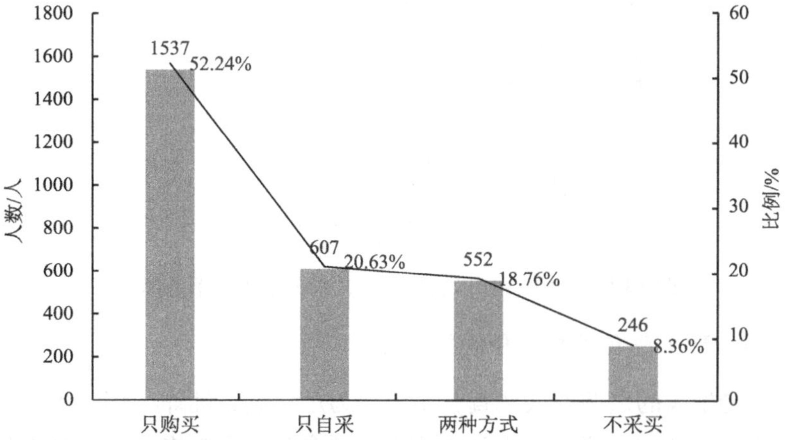

图 14.17　受访者食用的野生菌来源方式分布柱状图

本次调查列出了 23 类食用野生菌，访问消费者哪些品类是采摘的，哪些品类是购买食用的。由调查结果（图 14.18）可以看出，几乎每一类的野生菌来源购买频率均略高于采摘频率，同时采摘食用的频率也很高。尤其是牛肝菌（见手青）是自采频率最高的菌种，也是消费者最常吃的品类之一，但其部分品种带有一定毒性。所以，消费者在食用这类有毒性的野生菌时，稍有不慎就会较高风险发生中毒事件。采摘和购买野生菌食用时，首先要清楚地认识可食用野生菌品种及其性状知识，需要识别出野生菌是否可食、是否有毒，了解其存储方法；其次，在野生菌烹饪环节中需要知道带有一定毒性的野生菌品类烹饪及食用的注意事项。所以，掌握准确的食用野生菌相关知识对消费者安全食用野生菌至关重要。

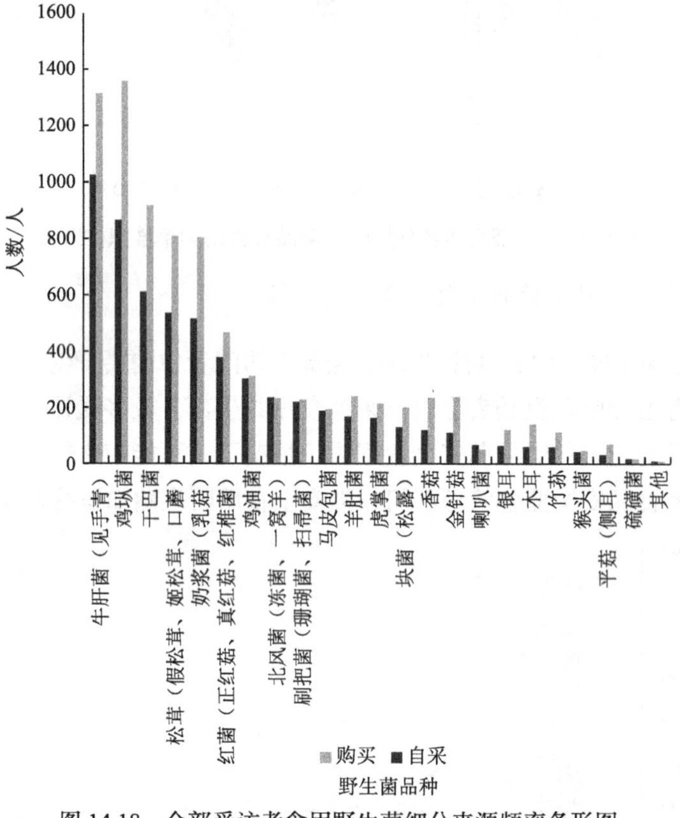

图 14.18　全部受访者食用野生菌细分来源频率条形图

4. 受访者野生菌食用知识和认知分析

本次对野生菌的烹调方式调查，主要分为炒、煮、油炸、烤、生食和其他六类烹饪方式。图 14.19 显示，六种方式中，炒食和煮食频率最高，其次是油炸和烤食，选择最少的是其他。炒和煮的方式是中餐主要烹调方式，两种烹调方式可以在保持食物的营养下控制烹饪时长，最大限度地保证食品食用的安全性。同时，也有不少受访者选择烤食和生食方式，尤其选择生食，由于野生菌的生物学特征，其保鲜、保质有较大的困难，如果食用了存放稍长的新鲜野生菌甚至发生变质的野生菌，都会增加中毒或其他食用安全风险。所以，如果消费者具有各类野生菌的正确安全存放和烹饪方式，将会最大限度地降低食用中毒风险。

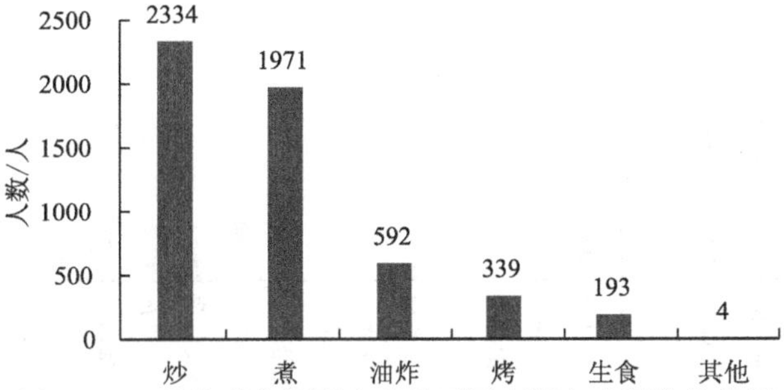

图 14.19　受访者食用野生菌的不同烹调方式频数柱状图

由于选其他烹饪方式的人太少，分类方式太多用堆积图不易观察，这里只展示了炒、煮、油炸、烤、生食五种烹饪方式。从图 14.20 中可具体看到，炒野生菌在各个调查点的频数占比都最高。煮食野生菌的频率占比次高，而油炸、烤和生食的方式频数相对较低。

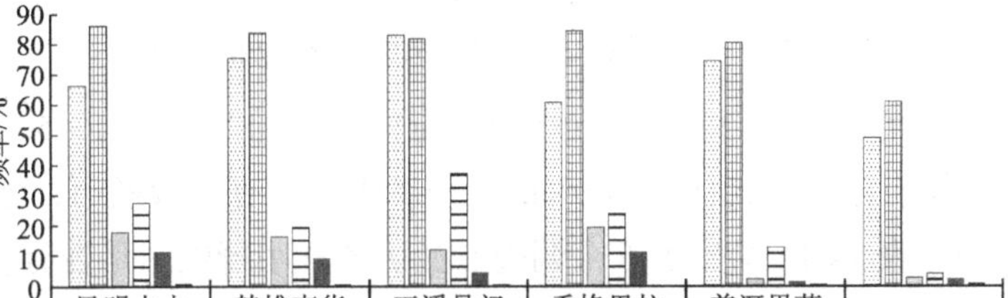

	昆明木水花野生菌批发市场	楚雄南华野生菌交易市场	玉溪易门野生菌交易中心	香格里拉野生菌交易市场	普洱思茅五一农贸市场	西双版纳集贸市场
煮	66.3%	75.4%	83.0%	60.6%	74.3%	48.8%
炒	86.3%	83.9%	81.8%	84.4%	80.4%	60.8%
烤	17.8%	16.4%	11.7%	19.2%	2.0%	2.4%
油炸	27.3%	19.4%	37.2%	23.8%	12.5%	3.7%
生食	11.2%	8.9%	4.2%	11.1%	1.2%	2.0%
其他	0.7%	0.2%	0.2%	0.0%	0.2%	0.6%

图 14.20　6 个调查点受 3 访者野生菌烹饪方式频率柱状图

为了了解消费者对野生菌的认知情况，本次调查对所列 23 类野生菌进行了中文和常用名或俗名认知调查。从图 14.21 中可以发现，不管是中文名还是俗名认知中，牛肝菌（见手青）是所有受访者中认知度最高的，其次鸡㙡菌、羊肚菌和干巴菌认知度也比较高。值得注意的是，喇叭菌和硫磺菌的认知度分别排名倒数第一和倒数第三，认知度比较低，由此也可以在一定程度上解释为什么这两种菌类备受消费者冷落了。其余大部分菌类的认知程度差异不明显，不管是消费者还是摊贩、店铺经营者对各类野生菌的认知度非常相似。

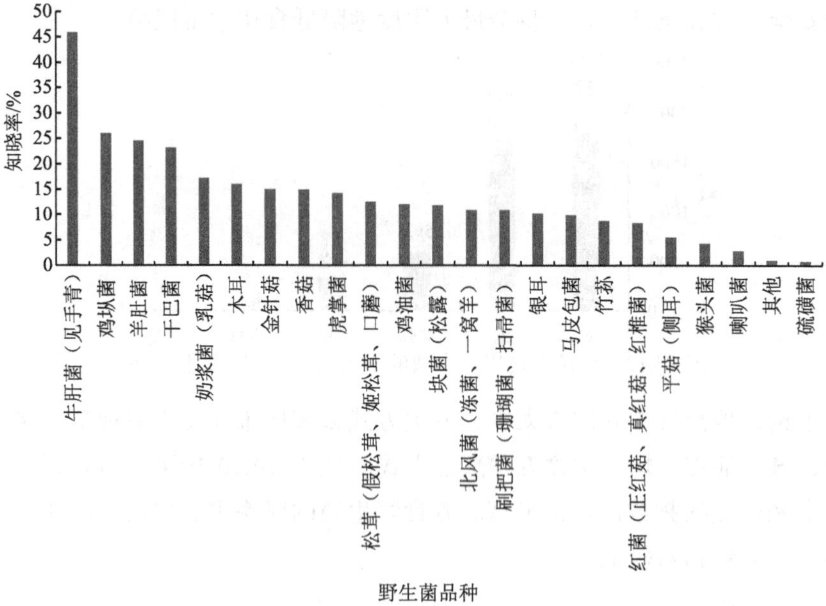

图 14.21 受访者对 23 类野生菌中文名认知率柱状图

在受访者被问及野生菌食用中是否有中毒的经历问题时，有 452 位（15.4%）受访者明确表示有过中毒经历，77.0%的受访者表示没有中毒经历，还有 7.6%的人没有回答此题。表 14.14 给出了 6 个调查点受访者食用野生菌是否有中毒经历的细分频率统计表。从表 14.14 中可看出，6 个调查点中，玉溪易门野生菌交易中心调查点受访者食用野生菌中毒经历的比例最大，为 27.4%；其次是普洱思茅五一农贸市场，比例为 24.8%；西双版纳集贸市场调查点受访者有中毒经历的比例最低，仅有 5.7%；其余三个调查点受访者有中毒经历的比例分别为 10.1%、12.7%和 15.2%。

表 14.14 食用野生菌是否有中毒经历的细分频率统计表 （单位：%）

调查项目	Q2_调查点所在野生菌市场					
Q57 野生菌食用中毒的经历	01 昆明木水花野生菌批发市场	02 楚雄南华野生菌交易市场	03 玉溪易门野生菌交易中心	04 香格里拉野生菌交易市场	05 普洱思茅五一农贸市场	06 西双版纳集贸市场
没有填写	4.0	4.7	5.3	4.6	7.1	19.2
没有中毒经历	85.9	82.6	67.3	80.2	68.1	75.1
有中毒经历	10.1	12.7	27.4	15.2	24.8	5.7
合计	100.0	100.0	100.0	100.0	100.0	100.0

由图 14.22 可知，全部有中毒经历的受访者的中毒表现恶心、呕吐、腹痛等出现的频率最高，其次是头晕、出现幻觉等，出现肝、脑、心、肾等脏器损害和其他（浑身无力等）反应的较少。

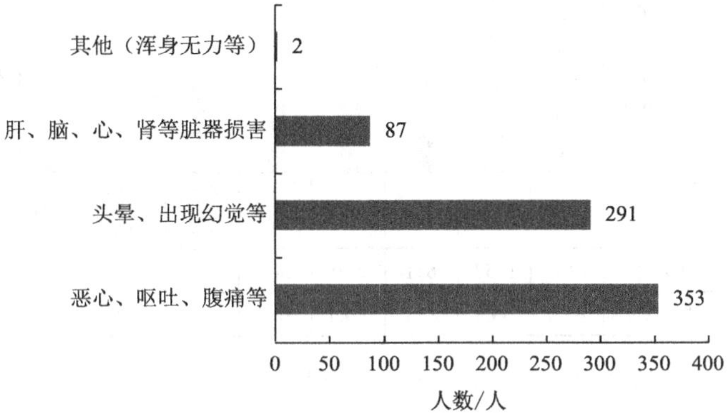

图 14.22　受访者野生菌食用中毒症状表现频数条形图

此次调查中，我们对受访者进行了食用野生菌有哪些健康益处进行了访问，受访者对食用野生菌的健康益处有一定认知。问卷提供了 9 种益处的选项，防癌抗癌作用的选择频数最高，其次是抗氧化、延缓衰老，其余 5 种作用的选择频率基本在 20%左右，差异不大（图 14.23）。

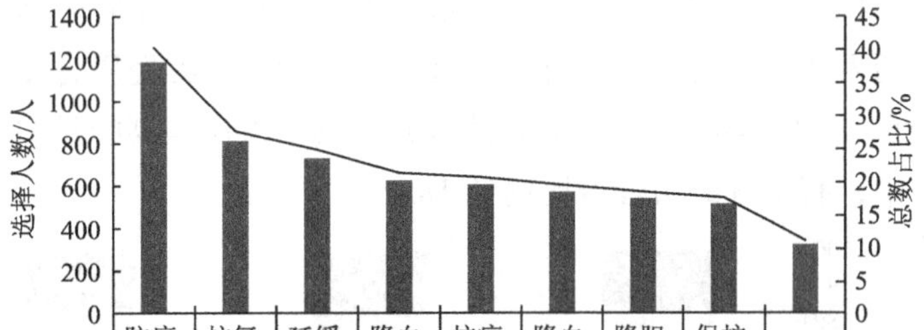

	防癌抗癌	抗氧化	延缓衰老	降血压	抗病毒	降血脂	降胆固醇	保护肝	其他
选择人数/人	1186	811	729	625	605	571	541	515	323
总数占比/%	40.3	27.6	24.8	21.2	20.6	19.4	18.4	17.5	11.0

图 14.23　受访者对所列 9 种食用野生菌作用的选择频数图

调查发现，受访者对食用野生菌益处的了解途径主要是祖辈和电视，其次是朋友、亲戚、广播、报纸杂志和宣传栏。此处调查结果显示，消费者对食用野生菌作用的认知主要还是身边有经验的人群口耳相传，以及一些传统媒体媒介；在其他开放回答中，有很少受访者填写了微信或朋友圈的途径获知这些信息；像网页检索、微博、微信公众号等获取信息的方式没得到反馈，这与问卷的题目设置有一定关系（图 14.24）。

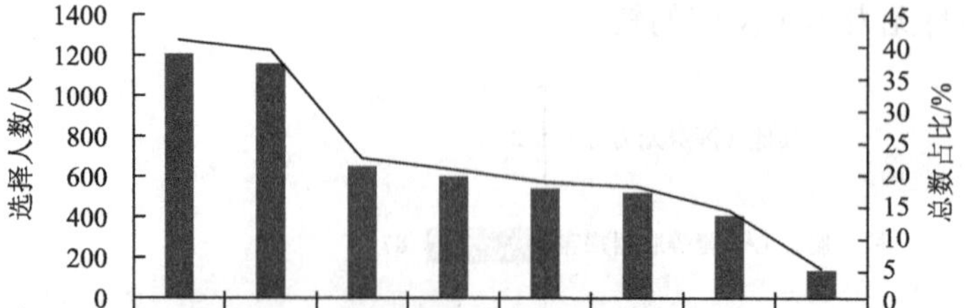

	祖辈	电视	朋友	亲戚	广播	报纸杂志	宣传栏	其他
选择人数/人	1205	1157	651	599	541	521	409	137
总数占比/%	41.0	39.3	22.1	20.4	18.4	17.7	13.9	4.7

图 14.24　受访者认知食用野生菌益处的途径分布

5. 交叉关联分析

该部分希望通过受访者回答的部分指标的交叉关联分析，探索受访者健康状况与野生菌食用习惯的相关性，尝试寻找影响食用野生菌安全性的相关因素，为降低消费者食用野生菌的中毒风险和保障消费者身体营养健康提供必要的野生菌食用建议。

从图 14.25 中可以看出，从绝对数来看，青年是食用野生菌的主力军，也是有中毒经历人数最多的一个人群。但食用野生菌有中毒经历者无论在哪个年龄阶段占比均在 15%～20%，没有显著性差异，其中占比较高的是中年受访者，在这个年龄段中，有中毒经历者占比达到 18.4%。

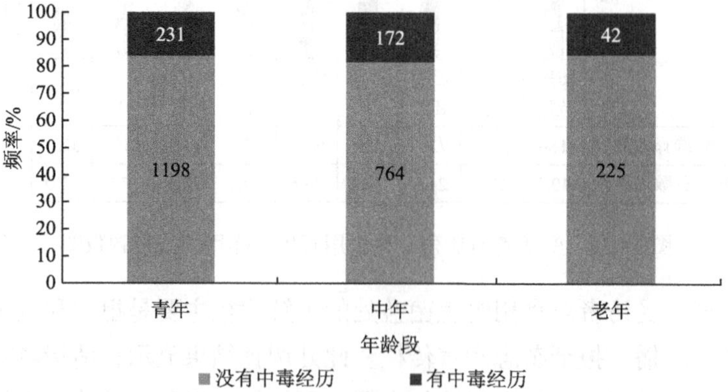

图 14.25　有/无中毒经历的受访者的年龄分布

从图 14.26 中可以看出，无论从绝对数据还是比例数据来分析，不同地区食用野生菌有中毒经历者占比都存在较大的差异。玉溪易门野生菌交易中心受访者有中毒经历者人数达 110 人，占比达 28.9%，而西双版纳集贸市场受访者有中毒经历者人数 31 人，占比还不到 10%。这可能与各个地方经常食用的野生菌种类有较大的关系。

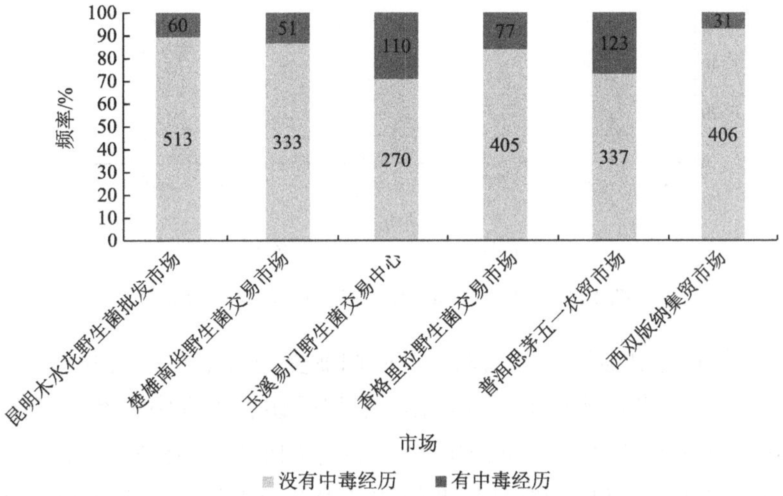

图 14.26　有/无中毒经历的受访者的地区分布

从图 14.27 中可以看出，食用野生菌有中毒经历者人数或比例与性别没有关联，无论男性受访者还是女性受访者，有野生菌有中毒经历者比例均在 15%～20%，其中男性达 18.0%，而女性稍低，达 16.0%。

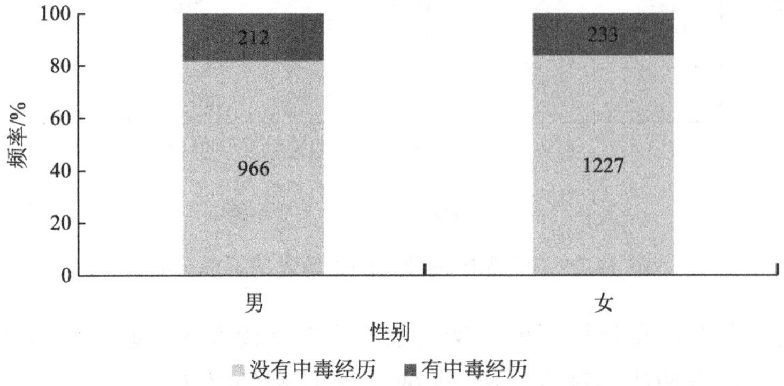

图 14.27　有/无中毒经历的受访者的性别分布

从图 14.28 中可以看出，受访者以低学历为主，有中毒经历者，低学历人数也是最多。食用野生菌有中毒经历者比例与学历高低成反相关，学历越高，中毒比例相对较低，低学历中有中毒经历者占比 18.8%，中等学历 15.8%，高学历 12.4%。

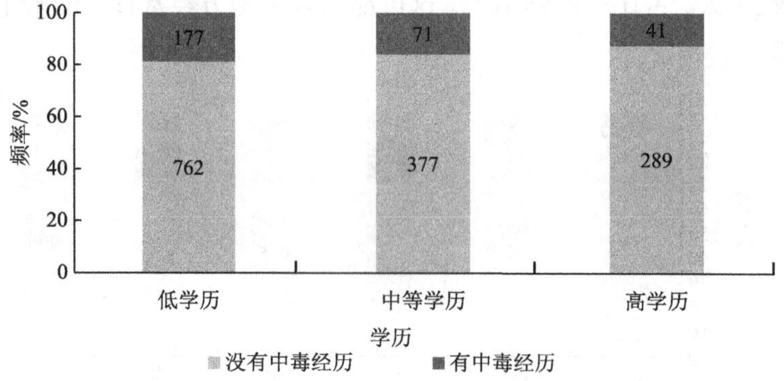

图 14.28　有/无中毒经历的受访者的学历分布

食用野生菌有中毒经历者比例在不同职业受访者中在较大的差别。医生受访者中有中毒经历者占比最低，为 0.0%；农民受访者中有中毒经历者占比最高，达 21.3%；工人受访者中有中毒经历者的占比为 15.4%；公务员受访者中有中毒经历者占比 17.1%；教师和其他职业受访者中有中毒经历者占比均在 10%左右（图 14.29）。

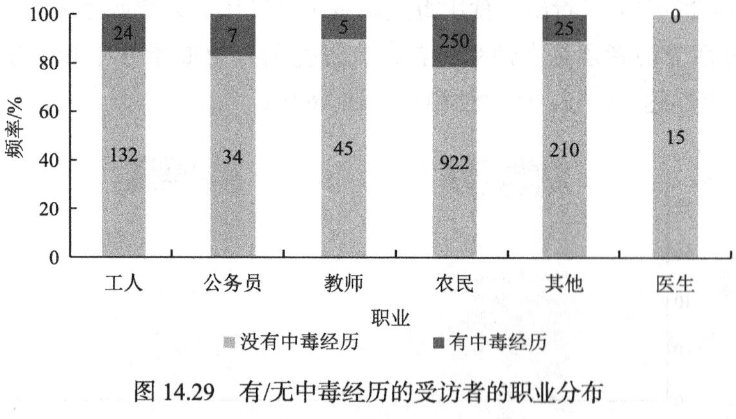

图 14.29　有/无中毒经历的受访者的职业分布

食用野生菌有中毒经历者的比例与饮酒频率有较大的关联。经常饮酒的受访者中有中毒经历者的比例最高，达 28.0%；不饮酒的受访者中有中毒经历者的比例最低，为 15.3%；而每天饮酒或偶尔饮酒的受访者中有中毒经历者的比例较为居中，在 16.0%～22.0%（图 14.30）。

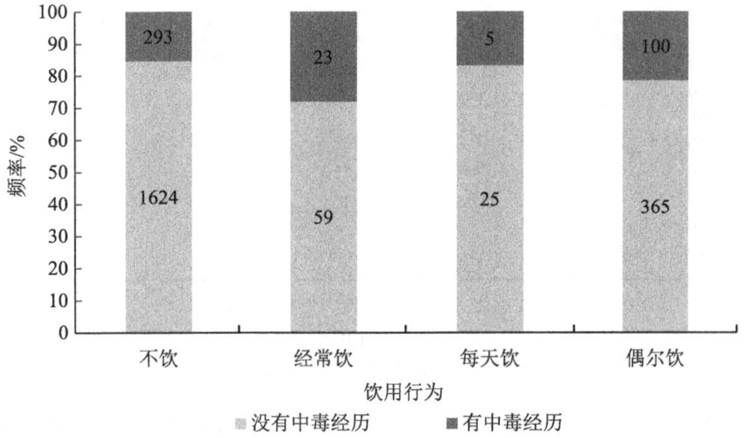

图 14.30　有/无中毒经历的受访者与饮酒频率交叉分析图

野生菌深受大多数人喜爱，食用野生菌 10 年以上的受访者人数最多，其有中毒经历者的绝对人数也是最多的。食用野生菌有中毒经历者的比例与食用野生菌的年限呈反相关，但不同年限之间差别不大，在 15.0%～20.0%。食用野生菌 5 年以内有中毒经历者的比例最高，达 18.6%（图 14.31）。

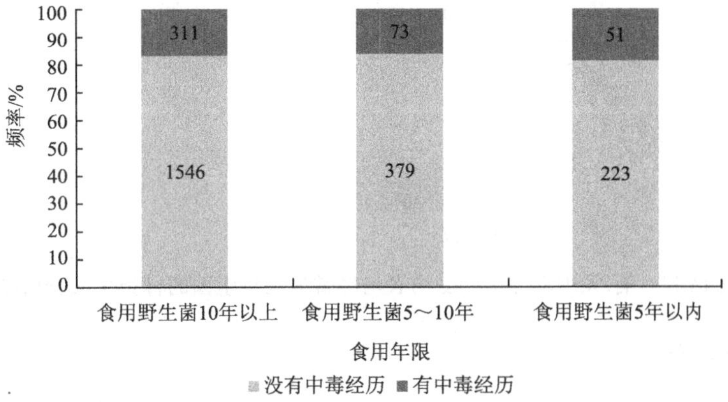

图 14.31　有/无中毒经历的受访者与食用野生菌年限交叉分析图

大多数人食用野生菌还是采用常用的煮和炒的烹调方式，采用其他烹调方式的人数不多，但采用这些方式烹调且有中毒经历者的比例与采用常用方式且有中毒经历者的比例都在 13.0%～18.0%（图 14.32）。

在受访者中，最常食用的野生菌是牛肝菌（见手青）和鸡纵菌；在最被常食用的十大类野生菌中，有中毒经历者的比例基本都在 15.0%～21.0%，差别并不大（图 14.33）。

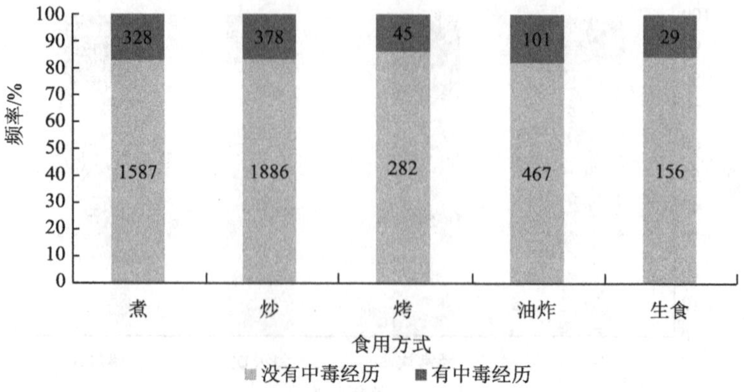

图 14.32　有/无中毒经历的受访者与食用野生菌主要烹调方式交叉分析图

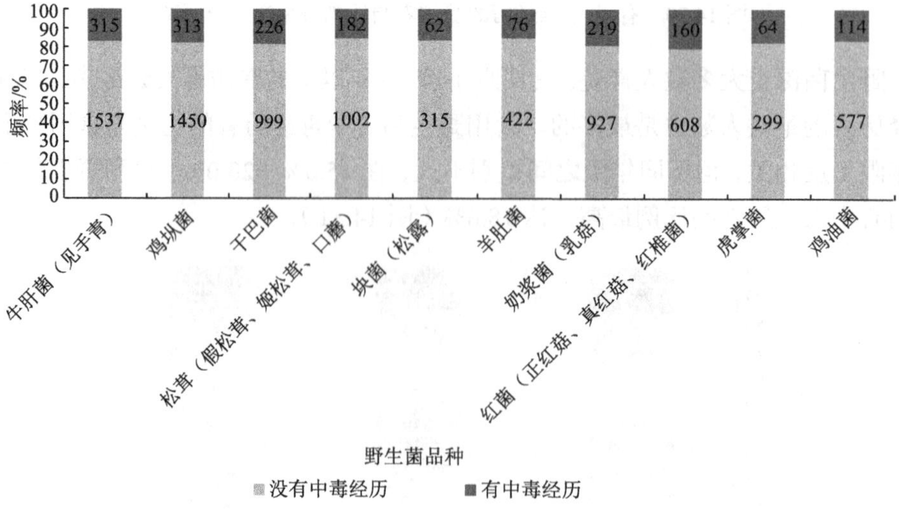

图 14.33　有/无中毒经历的受访者与经常食用野生菌的种类交叉分析图

6. 调查结论

报告首先根据问卷答题情况进行了受访者个人信息、健康状况自我评价，对野生菌食用偏好、来源途径、烹饪习惯和知识常识等进行了整理汇总，发现：受访者多为农民、自由职业者和个体经营者，年龄集中在 20～64 岁，大多已婚，文化学历相对较低，少数民族受访者占比 27%；受访者大多身体健康，膳食相关慢性病既往患病率很低；受访者大多有较长时间的食用野生菌习惯，主要喜欢在家采用煮、炒方式食用野生菌，食用的月份主要集中在 7～9 月，其野生菌来源购买和自采频率都很高，但对有毒野生菌的认识不足，信息来源不准确，有不少受访者有中毒经历。

交叉关联分析发现：不同地区食用野生菌的品种还是存在较大差异的。滇中地区的人们经常食用的三种野生菌为牛肝菌（见手青）、鸡纵菌和干巴菌，云南南部地区经常食用的野生菌为奶浆菌和鸡纵菌，而香格里拉经常食用的三种野生菌为牛松茸、北风菌和牛肝菌（见手青），这与各个地方出产的野生菌种类有关。

通过此次调查，我们认为：消费者在采摘、购买、烹饪和食用野生菌的过程中均需要较完整、准确的野生菌食用标准，保障其食用安全性。

14.8.3　结束语

以云南省食用野生菌消费者问卷调查作为本次案例课的切入点，对参与调查的同学进行了较规范的培训考核，考核合格才能参与调查，并且其中大部分同学也参与了数据预处理和基于 SPSS 的数据分析过程，做到了理论结合实际，大大调动了学生参与和学习的积极性，收到的效果也相当明显。大部分同学表示，课堂上学到的统计知识有着相当广泛的应用。应用得当，能指导实践调查和数据收集，并能提高抽样调查的效率，得出结论可靠，对政府部门制定野生菌食用标准有很重要的参考作用。在以后的教学中，教师要坚持理论联系实际，在课堂上引入自己参与的横向项目作为教学案例，精心设计，以完成横向项目的过程为轴线，以碰到的问题启发学生解决问题，对数据的分析给出独到的见解和建议。

14.9　案例九：实践教学案例之学科竞赛——以云南大学学生参加全国大学生市场调查与分析大赛为例

案例说明

全国大学生市场调查与分析大赛每年由教育部高等学校统计学类专业教学指导委员会、中国商业统计学会共同主办。该赛事自 2010 年启动以来吸引了众多高校参与。本案例对 2019 年、2021 年云南大学本科生、研究生参加该赛事的经验进行了阐述，对存在的问题进行了总结和分析，分析问题背后可能的原因并提出改进的方向。

14.9.1 大赛基本情况介绍

全国大学生市场调查与分析大赛是由教育部高等学校统计学类专业教学指导委员会、中国商业统计学会共同主办的。该大赛同时作为海峡两岸大学生市场调查与分析大赛的内地选拔赛且自 2010 年启动以来累计有近 1500 所院校参赛。大赛分为本科组和专科组，2021 年新设了研究生组，以学校为单位进行报名。

竞赛分为知识赛和实践赛两个环节，学生首先需要通过网上在线知识竞赛才有资格进入第二阶段的实践赛环节。实践赛为团体竞赛，每支队伍由 3～4 名学生和 1～3 名指导老师组成，每支队伍可以自由选取题目进行市场调查与分析，最后形成一份调查报告并制作演示幻灯片，最终以现场演示讲演的形式角逐出排名。

在 2019 年、2021 年、2022 年“正大杯”第九届、第十一届、第十二届全国大学生市场调查与分析大赛中，云南大学统计学专业本科生组获得全国一等奖 2 项、全国二等奖 2 项、全国三等奖 1 项，硕士研究生组获得全国一等奖 2 项，全国二等奖 2 项、全国三等奖 2 项。其中，研究生组在总决赛中获得一等奖第一名，荣获 2021 年全国研究生组总冠军。在优秀成绩的背后，我们不仅要总结先进经验，更需要回顾反思本次竞赛作品和指导过程的不足。

14.9.2 经验总结

我们认为，要想在大赛中获得好成绩，唯有紧扣大赛的举办宗旨和目的。因此，我们以“立足地方特色、切入实际问题、灵活运用理论”为指导思想，制订了“问题导向、调查前行、方法创新、团队协作、精益求精”的参赛方案，全程为参赛队员提供指导和服务。

首先，选题应当以发现和解决实际问题为导向。“调查前行”才能保障发现实际问题，避免想当然。队员们发挥研究生的研究特长，通过快速阅读文献和前期市场调查，发现：同样是以云南小粒咖啡为原料，云南本地某品牌的影响力却远远不如某些国外品牌，这样就找到了问题的切入点。之后，博采众长反复打磨标题，既点明研究内容，又提升选题的文化内涵。

其次，对现有分析方法的整合应用也是“方法创新”。不必刻意追求分析方法的难度和新颖性，也不必堆砌分析方法。而应当根据调查、分析目的，选择适当方法。例如，在调查阶段，我们优先考虑抽样问卷和重点访谈，而当数据收集出现困难时，则采用查阅品牌企业资料、采集网络数据等多种调查方式，尽可能保证样本数量的充足性和分析指标的多样性；在数据分析阶段，我们以通过必要分析回应实际问题为导向，并未单纯追求模型的复杂和新颖。

最后，队员的参赛热情、教师的无私奉献和院系领导的高度重视，保障了团队协作和精益改进。队员之间默契分工、倾力合作，积极求教并虚心受教于指导老师及其他老师，在老师的指导下多次模拟演练，反复打磨 PPT 和参赛报告。通过多方协作，获得最佳效果。

14.9.3　存在的问题

本科生参赛队伍在竞赛中存在的较多问题是报告撰写能力弱、数据分析方法不足。其中，高年级学生的问题多是报告撰写能力弱，低年级学生的问题两者兼具，不仅报告撰写主题不明，逻辑混乱，而且数据分析方法掌握得也比较少，对数据的分析深度不足。研究生参赛队伍存在的问题是偏爱分析方法，弱化报告撰写，对复杂模型构建用心较多，但较为忽略对调查问题的解决，因此调查报告常常出现重数据分析，轻问题解决的弊端。具体问题如下。

1. 缺乏方法的解释

在指导学生的过程中发现大三学生和研究生掌握了较多的统计工具与模型，但缺少一个系统的分析框架，因此在报告的构成中采用了拼凑的方法，将所有认识的可以套用到数据上的工具和模型都进行了应用，便产生了许多无主线缺主题的分析报告。

绝大多数参赛队伍的报告都呈现以下结构：①背景分析；②若干种方法对数据进行分析；③总结。

其中，学生写作最详细的是背景分析，通常这方面不需要进行大幅的改动。而在第二部分数据分析中，学生往往会缺少对该方法的解释。解释中需要包含该方法的由来、方法的理论依据、方法的计算步骤、使用到的软件及软件包，最重要的是应解释为什么使用该方法、目的是什么。这部分较易被学生忽略。

2. 缺乏对结果的分析和解读

学生普遍存在的问题是缺乏对模型结果的分析，以及结果解读没有深度。

报告中普遍写得最差的是总结部分，在总结部分对每个模型及方法的结果总结通常只有两到三句话，这通常是由于学生缺少分析的经验，指导老师需要对他们加强启发和指导。

3. 格式错误

格式错误中通常会出现如下问题：①表格缺少表头；②表格中英文混杂；③直接复制粘贴软件生成的表格，导致表格与文章格式（字体大小、字符间距、行间距）不符；④图片缺少标题；⑤网上下载的图片缺少恰当引用；⑥文中没有参考文献引用；⑦表头和图片标题的摆放位置错误；⑧没有页码；⑨文章格式（字体大小、字符间距、行间距）不统一；⑩缺少参考文献；⑪公式结尾缺少标点符号。

4. 过于注重形式

同时，学生还过于注重所谓的形式和漂亮，这主要体现在四点：①所有图形特别偏好 3D 图；②饼图在不必要的情况下选择环状图；③喜欢使用颜色进行变量区分而不是采用图形（虚线、点、三角）来进行区分，以至于黑白打印时会严重影响评委阅读；④排版时会选择文字环绕图片。

14.9.4 原因分析

出现以上各种错误的主要原因有如下几点。

（1）教学中理论推导和讲授较多，面向实际问题的应用性学习较少，导致学生不会将理论真正用于分析实际问题。

（2）学术型论文和应用型论文的写作训练不足，导致学生对论文写作的标准缺少认识。大一、大二的学生甚少写过科学论文或报告，甚至有的学生没有读过任何一篇科学论文。这是由于培养计划上本科阶段的科学论文书写训练主要集中在大三的学年论文以及大四的毕业论文，因此大一、大二和大三的学生对文献的阅读和科技论文的书写其实都是陌生的。研究生有一定的学术训练，但是对应用型报告的写作也很陌生。

（3）学生在研究方法的认识上有偏差。常常出现的情况是，学生担心自己的方法不够复杂、难度不大、不够高大上，因此陷入了为用方法而用方法、忽略了方法是用来解决实际问题的困境，这样自然写不出能解决实际问题的报告。

14.9.5 改进建议

（1）教学中注重理论联系实际，多采用问题教学、案例教学、项目教学等方式，增加学生接触和了解实际问题的机会，提高学生运用“数据思维”解决实际问题的能力。

（2）加强学术型和应用型写作训练。对于本科生，可利用培养方案的“阅读计划”课程，从大一开始就添加阅读任务，每学期完成一定数量的文献阅读，不但可以让学生在课外补充课内的知识，而且可以让学生更快地认识科技论文的书写规范。同时，可以适当地将一些课程从标准化答题考试改变为非标准化论文考查，其中加强论文格式的要求，以此养成学生标准习作的好习惯。对于研究生，加强学术论文和应用型论文的写作指导，增加写作训练机会。

14.9.6　结束语

学科竞赛旨在锻炼学生学以致用的能力，是对学生应用能力、创新能力和写作能力的很好训练方式，参加学科竞赛对提升学生的综合素质有较大的促进作用。云南大学统计学专业的教师在指导本科生和研究生的多次参赛中，不断总结、积累各种经验，在组队、选题、调查、建模及写作等方面初步形成一套较为有效的模式，并有待进一步完善。

第六篇

教 学 成 果

云南大学统计学学科自成立以来，一直在人才培养模式上进行长期探索和改进，逐渐形成了一套“五化一体型”统计学人才培养模式。

“五化一体型”统计学人才培养模式立足云南，面向全国，坚持学科导向和需求导向，充分发挥高等教育的三大功能，更新人才培养理念，改革人才培养目标，创新课程体系，建设特色教材，组建高质量教学团队，打造高端育人平台，深入推进实践教学，构建了思政育人、课程育人、大师育人、平台育人和实践育人的全方位育人系统，为高校统计学专业以及相关数据分析专业创新人才培养研究提供了实践案例。

第 15 章

云南大学“五化一体型”统计学人才培养模式简介

15.1 历史背景

云南大学统计学专业历史悠久。1983 年获统计学硕士学位授权，1985 年全国首批获准设立“应用统计”专业。至今，拥有统计学一级学科博士学位授权和硕士学位授权，应用统计硕士专业学位授权，统计学博士后科研流动站，统计学、数据科学与大数据技术 2 个本科专业。现已形成本-硕-博-博士后完整的人才培养体系。建有中央与地方共建高校特色优势学科实验室、省级重点实验室、省高校重点实验室、省级创新团队，以及 2 个省级院士工作站。统计学专业入选首批国家级一流本科专业。应用回归分析入选首批国家级一流本科课程。

20 世纪 70 年代，我国数学地质创始人王学仁教授首开“运用多元统计、优化地质找矿”之先河，斩获云南大学早期国家科技奖之一——1978 年全国科学大会奖。云南大学统计学人才培养本具先发优势，但 20 世纪 90 年代中期之后，因区域发展极不平衡，云南大学统计学师资流失严重，统计学人才培养与实际需求脱节问题凸显，挑战严峻。

15.2 面临的主要教学问题

（1）缺乏需求导向的教育理念，导致学科定位不清晰，人才培养目标没有跟上社会需求。

（2）课程设置没有特色。课程体系同质化倾向严重，反映社会需求的特色不够鲜明，整合性欠缺问题价值塑造、思政元素融入不充分。

（3）师资匮乏。老教师退休，中青年教师流失，师资数量、质量皆欠缺。由于历史缘由，教师偏重数学推导，欠缺统计思想，尤其缺乏计算机编程实现经验，递补师资有待成长。

（4）实用型教材缺位。传统教材单一，以理论为主，应用缺位，更罕见兼容数据思维与统计前沿、案例分析、R 语言编程实现、MOOC、多媒体课件、习题库、动态资料为一体的整合性、全息性、开放性、实用型教材。

（5）国际化教学水平较低。云南地处西南边疆，师生外语水平偏低，统计学人才特别是本科生培养的国际化进程相较发达地区明显缓慢。

（6）学生数据思维欠缺。由于教学中缺乏实际问题应用导向，培养的学生有数学功底而无数据思维，惯于硬搬强析数据，惑于灵活应用数据解决实际问题。

15.3 教育思想探讨、教改布局、模式形成

经 2006 年首届全国统计院长（系主任）云南大学会议、教育部高等学校统计学类专业教学指导分委员会 2007 年兰州和 2009 年河南等会议上的思想碰撞，并融中外教育思想之精华，明确人才培养目标应遵循高等教育的学科导向和社会需求导向，在此背景下，云南大学逐渐探索并确立了“聚焦前沿、放眼世界、立足云南、服务全国”，以学生成长为中心的育人理念。基于高校人才培养的多层次化、多规格化、质量评价多元化特点，借鉴钱学森的“大成智慧”思想，本着尊重差异和尊重个性的原则，科学设置和建设核心课程。遵从大学的灵魂是“大师”等教育思想，着力提升师资水平，创建学习成长型教学团队，发挥示范和引领作用，撬动课程教学改革，驱动教学目标达成。首创“懂数据、会分析、能落地”的统计人才培养目标，构建“知识模块化、人才培养交融化、教学资源数字化、师生培养国际化、学业考核多元化”的“五化一体型”人才培养新模式：以“知识模块化”，打造“个性化”育才新范式；以“培养目标、教师队伍、教学资源、培养方法”交融一体化实现协同育人、教学相长；以“教学资源数字化”同步省级、国家级课程及教材建设，匹配实验实践平台建设；以“师生培养国际化”统摄海外联合培养基地建设、师生海外导师帮扶机制建设、研究生暑期培训平台建设等

举措，多维协同推进国际交流与合作；以“学业考核多元化”助推以培养能力为重的形成性考核与操作性考核，开展学业综合评价改革。

经十多年的实践和探索，通过打造实践育人和国际合作交流两个平台，构建协同育人和师生共同成长两个机制，践行理论与实践、课内与课外、线下教学与线上自学、学与用四个结合，架设课程设置与社会需求、知识模块化与培养杂糅化、综合素质提升与个性化培养、国内实用教材与国际前沿动态四个衔接，实现了从知识传授向能力培养的教学模式转变、以教为主向以学为主的角色关系转变、课程育人向全息育人的培养方式转变、传统课堂教学向数字化教学的媒介技术转变、传统考试向多元化考核的评价方式转变等五大转变。形成以 2 名院士、5 名教育部高层次人才/特聘教授、3 名省级教学名师为主体并能引领西部统计学教学革新的高水平教学团队，以 2 门国家一流课程、1 门国家双语教学示范课程为标杆的高质量课程体系，成为西部地区统计学人才培养高地。2019 年统计学专业斩获首批国家一流专业建设。云南大学“立足云南、打通本硕博”的统计学人才培养模式博得了国内外同行好评，产生了良好的示范辐射作用。

15.4　关于“五化一体型”模式解析

15.4.1　知识模块化

坚持立德树人，根据社会需求设置课程，经前后 7 版培养方案的修订完善，形成了数学、统计、计算机、特定领域知识、实践五大模块的专业课程体系。以模块化课程体系支撑培养复合型、交叉性、应用型数据分析人才。

15.4.2　人才培养交融化

在数据思维统摄下，按照“厚基础、宽口径、重交叉、求创新”要求，实现“懂数据、会分析、能落地”的人才培养目标交融化；汇聚数学、统计学、计算机科学、特定领域等多学科师资，实现教师队伍交融化；以国际交流与合作推进中外教学资源交融化；在统一术语、统一观念下融合数据思维、统计法治、R 语言编程实现教材内容交融化；坚持理论、实践和致用三位一体的培养方法交融化；以课程思政推动专业教育与立德树人交融化，将统计法、随机性思维等思政元素有机融入教学，培养学生的爱国情怀、科学思维和良好道德情操，强化学生的法律意识。

15.4.3 教学资源数字化

为打造“知识模块化、培养交融化”的课程体系，依托国家双语教学示范课、省级精品课、省级规划教材，开展实验实践平台建设，整合多媒体课件、案例库、习题库、经济数据库等数字化教学资源，实施虚拟仿真教学、MOOC 和雨课堂等数字化教学改革，将院士/教育部高层次人才/特聘教授领衔的教研团队最新科研成果中的案例、算法及计算机软件著作权等数字化资源融入课堂教学、规划教材，致力于以高水平科研反哺教学，助推国家一流专业和一流课程建设。

15.4.4 师生培养国际化

与美国、加拿大、英国等著名高校建立长期合作项目，与英国普利茅斯大学签订“3+1”联合培养本科生项目，向国家留学基金管理委员会申请博士生联合培养项目，建立师生海外人才培养基地，构建与欧美名校接轨的协同育人机制，探索实行统一的教学大纲、教材和考试制度。

在国家自然科学基金委员会数学天元基金支持下，连续八届举办“西部地区统计学青年教师暑期培训”“全国统计学研究生暑期学校”，免费为全国范围内青年统计学师生搭建国际化统计学学习交流平台，分批邀请国际顶尖华人统计学家和国内一流统计学家讲授现代统计前沿知识，以求启迪统计思维、数据思维，拓展国际视野。

实施青年教师国际导师制，选拔多名青年骨干教师赴海外名校在国际名家一对一指导下培养，以掌握前沿统计思想、精通编程计算，从而打造一支以院士、教育部高层次人才/特聘教授等大师领衔，以 20 余名统计学博士为骨干，具有国际视野和国际竞争力的一流教学团队。

15.4.5 学业考核多元化

为全面实现考核的管理、激励、筛选功能，实现从成绩考核向能力考核转变，采取多元化学业考核方式，推行形成性考核模式。将出勤、课堂讨论、作业、R 语言编程实现、分组研究报告、课程论文、学术沙龙等计入成绩，原则上期末成绩权重不超过 60%。考核强调理论考试与实验报告、个人与团队、考勤与课堂表现、课内学习与课外实训相结合。实施学业综合评价改革，贯穿“数据—问题—调查—数据分析”的全过程，对学生开展形成性考核与操作性考核。

15.5　云南大学统计学人才培养模式的创新与特色

15.5.1　“五化一体型”的统计人才培养新模式

针对传统统计侧重培养学生的数学推导能力之弊端，首创“懂数据、会分析、能落地”的统计人才培养目标，创建“知识模块化、人才培养交融化、教学资源数字化、师生培养国际化、学业考核多元化”的“五化一体型”统计学人才培养新模式，强化课程设置与社会需求、知识模块化与培养交融化、综合素质提升与个性化培养、国内实用教材与国际前沿动态的衔接，实现学生个性化的全面发展。

15.5.2　“四位融合”的交融化统计人才培养新思想

交融化思想符合国家复合型人才培养的趋势，符合创造学“综合开拓”的创新方法，符合钱学森的“大成智慧”思想。强调统计人才“培养目标、教师队伍、教学资源、培养方法”的四位融合，即强化理论与实践、课内与课外、线下教学与线上自学、学与用的结合，着力解决非统计专业背景的教师只会数学推导、无统计思想、不会计算机编程实现，以及课程体系同质化、教学和考核评价方式单一等问题，培养学生的数据思维和灵活应用数据的能力；推进中外教学资源的交融化、跨学科领域知识的交融化；推进教学与科研的交融化：实施院士/教育部高层次人才讲授短课程计划，践行研究型教学，实现科研与教学资源的融通融合，以高水平科研反哺教学，调动学生学习的积极性和主动性，产出原创性成果。

15.5.3　“多途径结合”的国际化人才培养长效机制创新

通过人才引进、联合培养、海外访学等措施打造一支包括院士、教育部高层次人才/特聘教授在内的，具有国际影响力并能引领西部统计教学革新的高水平教学团队。成立由国际著名专家组成的云南大学统计学科专家咨询委员会，实施青年教师、博士生国际导师制；实施英国普利茅斯大学“3+1”联合培养本科生项目、国家留学基金管理委员会博士生联合培养项目，推动学生跨文化的专业学习与跨学科的学术训练，实现统计人才国际化培养的常态化。融合海外教学体验和科研成果，出版英文教材，持续开展本科生、研究生双语教学。

15.5.4 “精品荟萃”的暑期学校教学模式创新

针对传统暑期学校“教师讲、学员听”的通病，提出“传递前沿知识、培养统计思想、着眼个性发展”的云南大学暑期学校教学理念，汇聚国内外统计顶尖学者授课，聚焦精讲重点、解惑难点，以专题讲座传递前沿为参训学员指明方向，以试讲点评为参训学员搭建个性化帮扶平台，创建“精品荟萃”式统计学教学新模式。

第 16 章

“五化一体型”统计学人才培养成果

16.1 培养了一批优秀统计人才

16.1.1 师生国际化成效显著

至 2021 年，云南大学统计学师生共计 44 人次赴哥伦比亚大学、耶鲁大学、渥太华大学等海外知名院校联合培养。2019 年至今有 5 名学生参加与英国普利茅斯大学的“3+1”联合培养本科生项目，其中 4 名学生已顺利获得普利茅斯大学和云南大学理学双学士学位，分别被英国爱丁堡大学、格拉斯哥大学、圣安德鲁斯大学和美国南加州大学录取为硕士研究生继续深造。2 名在读博士研究生在国家留学基金管理委员会的支持下已赴英国普利茅斯大学接受联合培养。

16.1.2 科研反哺教学，成果丰硕

鼓励教师将科研工作的思路、方法和进展带入课堂和实践教学，将科研精神融入教学理念、科研方法转化为教学手段，以科研成果丰富教学内容，实现科研反哺教学，提高学生的科研能力。至 2021 年，培养的本科生、研究生发表 SCI 论文 97 篇，其中《美国统计学会会刊》(*Journal of the American Statistical Association*，JASA)、《皇家统计学会杂志：B 辑》(*Journal of the Royal Statistical Society, Series B*，JRSSB)、《统计年鉴》(*Annals of Statistics*) 等顶级期刊 9 篇，获省优秀博士学位论文 6 篇、优秀硕士学位论文 2 篇，本科生发表 SCI 论文 1 篇。

学生参加各类学科竞赛，取得丰硕的成果。至 2021 年，在校生获全国范围学

科竞赛榜单比赛国家级奖项 20 余项，其中获全国大学生市场调查与分析大赛、全国大学生统计建模大赛、全国大学生数学建模大赛、“挑战杯”全国大学生课外学术科技作品竞赛、“创青春”全国大学生创业大赛、全国应用统计专业学位研究生案例大赛等国家级奖励 27 项；各类行业学会奖 65 项；数学建模竞赛省级奖 41 项；云南省“互联网+”大学生创新创业大赛金奖、银奖各 1 项；国家奖学金 10 项、省政府奖学金 14 项。

16.1.3 培养了“懂数据、会分析、能落地”的应用型人才

学生的数据思维形成并得以强化，实际应用能力提升。在校生积极参加各类社会实践活动，如 2018 年昆明市食品安全调查，对昆明市食品安全问卷调查数据进行统计分析，为昆明市创建食品安全示范城市提供重要数据支撑；2020 年第七次全国人口普查，做到学以致用，让学生直观深入地了解到统计在国家治理体系和治理能力现代化建设中的重要地位和作用；2018 年云南省第四次全国经济普查，一名学生获云南省第四次经济普查优秀个人称号。学生通过参加社会实践活动，进一步提升了懂数据、会分析的能力。

16.1.4 学生就业与职业发展形势良好

学生素质提高后，就业率逐年上升，用人单位满意度高，毕业后取得良好成绩。统计学本科生就业率高、升学率稳步上升。2013～2020 年，统计学专业本科生共毕业 551 人，就业率为 97.1%。具体就业情况见图 16.1。统计学研究生就业率一直保持在 98%以上，深受用人单位好评。

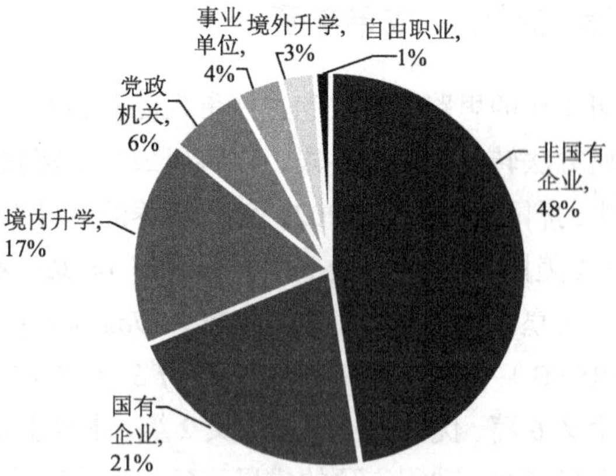

图 16.1 2013～2020 年本科生就业行业分布

16.1.5 本科生读研深造范围趋广

本科生国内升学继续攻读硕士研究生去向为北京、天津、上海、重庆、内蒙古、黑龙江、山东、浙江、湖北、湖南、广东、陕西、四川、甘肃等地的大学。其中，近年来多名优秀本科生被保研至北京大学、中国人民大学、上海财经大学等国内一流大学继续深造。

随着国际化的推进，出国读研的本科生数量也逐渐增多，主要去向国家为美国、英国、加拿大、澳大利亚、新西兰等，进入伦敦大学学院、圣安德鲁斯大学、爱丁堡大学、格拉斯哥大学、美国南加州大学等国际著名高校深造。

16.1.6 “暑期班”项目持续服务全国高校

在国家自然科学基金委员会数学天元基金项目资助下，连续八届举办“西部地区统计学青年教师暑期培训”“全国统计学研究生暑期学校”，为西部乃至全国 23 个省（自治区、直辖市）227 所高校培训青年教师、研究生 1000 余人。跟踪问卷调查显示：参训学员满意度达 98%，1 人次获国家级教学成果奖，1 人次获国家一流本科课程，7 人次获省级教学成果奖，30 人次赴海外高校访学半年以上，38 人次获各级教学比赛奖，30 人次获各级教改项目。

16.2 专业建设成效明显

引培并举打造了一支以 2 名院士、5 名教育部高层次人才/国家杰出青年科学基金获得者、3 名省级教学名师等为主的，有国际影响力的大师引领云南大学统计教学团队，获国际泛华统计协会（International Chinese Statistical Association，ICSA）杰出服务奖 1 人，任国际统计学会（International Statistical Institute，ISI）推选会士（elected member）、国际数理统计学会会士（IMS Fellow）、国际重要学术期刊主编/副主编 7 人。

统计学专业入选首批国家一流本科专业建设，应用回归分析、数学分析 I 入选首批国家一流课程，3 门 MOOC 发挥了较大辐射作用。出版中文教材 3 部、英文教材 3 部、译著 2 部。统计学专业在云南省高校统计学专业综合评价中历年位于第一。

人才培养探索之路是漫长的，“五化一体型”人才培养模式的后续教学改革，系云南大学统计学科战略性发展规划的长期改革任务，应当不断吸收国内外经验，在实践中持续扬弃改进、不断完善，为统计学人才培养贡献更多的经验和智慧。

参 考 文 献

敖雁，张联民，顾准，等. 2020. 渗透家国情怀的生物统计课程思政元素的探讨[J]. 高教学刊，(26): 34-36.

朝乐门，邢春晓，王雨晴. 2018. 数据科学与大数据技术专业特色课程研究[J]. 计算机科学，45(3): 1-8.

陈家鼎，郑忠国. 2010. 许宝騄先生的学术成就——谨以此文纪念许宝騄先生诞辰 100 周年[J]. 数学进展, 39(6): 641-650.

陈树良. 2012. 统计学专业创新型人才培养模式的研究[J]. 辽宁工业大学学报(社会科学版), 14(6): 132-134.

陈欣，周龙福，曹耀钦. 2017. 探索应用型本科数据科学与大数据技术专业人才培养方案的构建[J]. 现代工业经济和信息化, (23): 40-42.

陈鑫龙. 2018. 食用野生菌需谨慎[J]. 云南农业, 354(7): 86.

陈智，梁娟，谢兵. 2017. 应用型人才培养模式下《算法设计与分析》非标准化考试改革研究[J]. 教育现代化, (28): 70-72.

程燕. 2021. 应用型本科应用统计学课程思政的隐性教育实践探索[J]. 高教学刊, (29): 172-175.

崔立志. 2019. 就业导向视域下经济统计学人才培养模式研究[J]. 大学教育, 9: 140-142.

崔小云. 2019. 文化自信融入思想政治教育的践行路径探析[J]. 长春师范大学学报(人文社会科学版), 38(5): 7-9.

代家泽. 2015. 野生菌产业市场分析[J]. 云南林业, (2): 31.

戴婷，张宇. 2010. 我国统计学人才培养模式比较研究[J]. 湖南工程学院学报(社会科学版), (3): 106-108.

丁锦平，王素平，侯颖. 2020. 《园林树木学》非标准化考试模式的探索与实践[J]. 高教学刊，(26): 68-71.

丁先文，陈雪平，陈建东，等. 2017. CVX 软件包在统计实验教学中的应用[J]. 江苏理工学院学报, 23(2): 93-97.

丁兆云，汪祥，黄松平，等. 2021. 基于“雨课堂+翻转课堂”混合教学方式[J]. 中国新通信，23(19): 186-187.

窦燕，董泽睿，周晓静. 2020. 大数据背景下统计学专业计算机课程实验课程授课效果调查分析[J]. 电脑知识与技术, 16(31): 113-114.

樊兴丽. 2019. 如何在知识传授中实现价值引领[J]. 人民论坛, (25): 102-103.

范新英. 2019. 大数据背景下统计学专业人才培养之探讨[J]. 内蒙古统计, (2): 48-52.

方开泰，李久坤. 1994. 均匀设计的一些新结果[J]. 科学通报, (21): 1921-1924.

方万里. 2020. 统计学与思政课程同向同行的思考[J]. 太原城市职业技术学院学报, (11): 5-9.

冯梅, 曹辉, 李晓辉. 2020. 以思政案例为载体的高校课程思政教育教学初探[J]. 中国高等教育, (Z3): 37-39.

冯士雍, 倪加勋, 邹国华. 2012. 抽样调查理论与方法[M]. 2 版. 北京: 中国统计出版社.

高德毅, 宗爱东. 2017. 从思政课程到课程思政: 从战略高度构建高校思想政治教育课程体系[J]. 中国高等教育, (1): 43-46.

顾明远. 1998. 教育大辞典（增订合编本）[M]. 上海: 上海教育出版社.

关蓉, 苗玉茵, 刘苗, 等. 2018. 大学生统计课程学习态度的结构方程模型[J]. 统计学与应用, 7(2): 90-98.

郭栋. 2017. 就业视角下的统计学专业人才培养与教学改革研究[J]. 统计与信息论坛, 32(11): 127-128.

郭栋, 成瑶. 2018. 统计学复合型人才培养创新平台研究——以中国人民大学为例[J]. 统计与信息论坛, 33(11): 125-128.

郭文忠, 张浩, 董晨. 2020. “新工科”背景下数据科学与大数据技术专业建设探索与实践——以福州大学为例[J]. 电脑知识与技术, (25): 121-123.

何星钢, 黄激珊. 2020. 大数据背景下统计学人才培养模式与课程体系研究[J]. 兴义民族师范学院学报, (3): 105-110.

洪志忠. 2016. 高校基层教研室的演化与重建[J]. 大学教育科学, (3): 86-92.

胡森, 李妍, 李家磊, 等. 2021. 新医科背景下医学检验技术专业人才培养模式改革与创新[J]. 中国高等医学教育, (3): 63-64.

黄海. 1998. 峨眉会议与中国统计学会的成立[J]. 统计研究, (6): 67.

纪宏. 2021. 统计学课程思政建设[R]. 东北师范大学统计学科建设研讨会报告.

蒋变玲, 赵亮, 甘守伟, 等. 2021. 《试验设计与统计》课程思政教学探索与实践[J]. 广东化工, 48(9): 320-320, 317.

李宝. 2016. 混合式学习环境下学生学习满意度影响因素模型的构建与实证研究[D]. 陕西师范大学硕士学位论文.

李晨, 陈丽萍. 2021. 概率论与数理统计课程教学中思政元素的挖掘与实践[J]. 大学教育, (9): 104-106.

李杰, 陈超美. 2016. CiteSpace: 科技文本挖掘及可视化[M]. 北京: 首都经济贸易大学出版社.

李楠. 2020. 课程思政改革下的抽样调查教学设计[J]. 教育教学论坛, (18): 100-101.

李森林. 2019. 《计算机操作系统》课程非标准化考试改革[J]. 电脑与电信, (4): 45-47.

梁进龙, 崔新玲, 吴和堂, 等. 2018. 大学生生命意义感量表编制及信效度分析[J]. 中国卫生事业管理, 35(4): 303-307.

林健. 2020. 新工科人才培养质量通用标准研制[J]. 高等工程教育研究, (3): 5-16.

刘瑞娟. 2018. 在概率统计教学中培养学生的“表达”能力[J]. 创新教育研究, 6(6): 511-515.

刘哨东. 2020. 协同育人视角下《应用统计学》课程思政教学实践探索[J]. 知识经济, (21): 63-64.

刘婷. 2014. 云南野生菌产业发展现状、问题及对策[J]. 当代经济, (19): 86-87.

刘维尚, 袁丽. 2021. 新工科人才培养模式探索[J]. 中国高等教育, (2): 13-15.

刘希龙, 徐德济. 2015. 基于信度分析的调查问卷设计方法[J]. 现代教育, (5): 78.

刘晓燕. 2015. 云南省食用野生菌市场分析[J]. 现代经济信息, (9): 481-482.

刘昕, 寇惠娟, 高登峰, 等. 2019. 移动互联网学习背景下基于雨课堂的翻转课堂教学模式的应用探讨[J]. 医学教育研究与实践, 27(4): 710-714.
刘秀芹, 赵金玲, 李娜. 2020. 随机过程课程思政元素融入案例初探[J]. 大学数学, 36(5): 28-32.
刘雁. 2020. 用“教是为了不教”思想构建深度学习的政治课堂[J]. 江苏教育研究, (11): 48-51.
卢艳丽. 2018. 翻转课堂教学模式的优势及对我国课堂教学改革的启示[J]. 教育教学论坛, (29): 121-123.
罗良清, 郭露. 2013. 新专业目录下统计学人才培养模式探究[J].中国大学教学, (5): 29-32.
罗良清, 郭露. 2018. 改革开放 40 年统计学人才培养模式的演进与展望[J].中国大学教学, (12): 46-51.
摩罗. 2002. 教育伦理与学习伦理[J]. 社会科学论坛, (10): 48-54.
欧利松. 2018. “互联网+”大赛视角下对应用统计专业人才培养的思考[J]. 才智, (32): 153-154.
欧内斯特 · L. 博耶. 2004. 学术的使命[J]. 涂艳国, 方彤译. 中国大学教学, (4): 56-59.
潘懋元, 肖海涛. 2008. 改革开放 30 年中国高等教育思想的转变[J]. 高等教育研究, (10): 1-5.
庞国楹, 刘俊, 郭彦, 等. 2020. 课程思政融入概率论与数理统计课程教学的探索与实践[J]. 教育进展, 10(2): 104-109.
邱东, 李子奈, 肖红叶. 2007. 经济学类专业统计学、计量经济学课程教学现状调研报告[J]. 中国大学教学, 11: 17-20.
任洁, 冯国文. 2007. 要重视自我发展教育[J]. 民主, (6): 19-20.
沈雪峰, 郑殿峰, 赵黎明, 等. 2021. 新农科建设背景下创新人才培养模式探索——以广东海洋大学农学专业为例[J]. 教育教学论坛, (6): 101-104.
盛宝怀, 刘焕香. 2019. 学科竞赛融入应用统计学专业理论教学的“五课一能”课程体系构建[J]. 高教学刊, (13): 106-108.
宋肖肖, 白珊, 杨玥娜, 等. 2021. 来华留学生对全英文授课教学服务满意度量表的信度和效度分析——以昆明医科大学为例[J]. 昆明医科大学学报, 42(3): 163.
孙婧, 王文溥. 2016. 高校非标准化考试模式初探[J]. 长治学院学报, 33(2): 96-97.
孙山泽. 2000. 非参数统计讲义[M]. 北京: 北京大学出版社.
孙志伟. 2019. 理工类专业课程开展课程思政建设的关键问题与解决路径[J]. 思想政治课研究, (1): 93-97.
唐安民. 2010. 统计专业作业设置[J]. 河池学院学报, 30(B08): 35-36.
唐年胜. 2016. 立足云南, 服务云南, 扎根应用统计研究——记王学仁教授[J]. 应用概率统计, 32(3): 327-330.
王成勇, 王刈禾, 卢方芳, 等. 2019. 大数据时代统计专业人才培养方式的思考与实践[J]. 教育现代化, (74): 15-17.
王见定. 2008. 社会统计学与数理统计学的统一[J]. 前沿科学, (2): 20-33.
王鹏飞, 苏小燕, 韩莹莹. 2021. 新文科背景下旅游管理国家一流本科专业人才培养模式研究[J]. 当代旅游, 19(28): 91-93.
王万中. 2004. 试验的设计与分析[M]. 北京: 高等教育出版社.
王想. 2020. 应用统计学专业人才培养方案的优化改革——基于教学质量国家标准[J]. 时代教育, 8: 39-40.
王学仁. 1997. 回归模型在地质勘探中的应用[A]//江泽培, 成平, 严士健, 等. 应用统计实例选[C]. 天津: 南开大学出版社: 87-100.
王艳丽, 张敏, 尤国强. 2020. 新工科背景下数据科学与大数据技术专业建设初探[J]. 陕西教育

(高教), (2): 44-45.
温雅敏, 龚征. 2017. 统计专业数据分析人才培养的思考与探索——基于大数据时代视角[J]. 广西民族师范学院学报, 34(4): 143-146.
文进, 赵春霞, 陈海霞. 2021. 以需求为导向的新工科人才培养模式探索[J]. 大学教育, (9): 21-23.
吴晶, 胡浩. 2016. 习近平：把思想政治工作贯穿教育教学全过程[EB/OL]. http://cpc.people.com.cn/n1/2016/1208/c64094-28935836.html[2022-04-24].
肖志英. 2020. 大数据时代应用型本科院校经管类专业统计学教学的思考[J]. 创新教育研究, 8(5): 810-814.
徐晨, 钱金花, 常桂松. 2020.《抽样调查》双语课程的课程思政建设[J]. 教育进展, 10(5): 904-907.
许宝騄. 1981. 许宝騄文集[M]. 北京: 科学出版社.
薛靖峰, 张春梅. 2016. 大数据时代下经济统计专业应用型人才培养模式研究[J]. 教育现代化, 3(22): 7-8, 11.
严士健, 王隽骧, 刘秀芳. 2009. 概率论基础[M]. 2 版. 北京: 科学出版社.
杨洪珍, 陈玉成, 陈昌浩. 2019. 某高校毕业生综合能力跟踪调查研究[J]. 统计学与应用, 8(3): 431-439.
杨锦伟. 2020.《时间序列分析》课程思政教学的探索与实践[J]. 办公自动化, 25(11): 54-57.
杨维忠, 张甜, 王国平. 2019. SPSS 统计分析与行业应用案例详解[M]. 4 版. 北京: 清华大学出版社.
袁晓惠, 李会贤, 王纯杰. 2019. 思政与《多元统计分析》教学结合的探索与实践[J]. 教育现代化, 6(79): 241-242.
张恒, 张滦云, 廖大见, 等. 2020. 新形势下高校回归分析课程思政探研[J]. 成才之路, (28): 24-25.
张虎, 肖磊. 2021. 统计学专业课程思政的探索与实践[J]. 中国统计, (6): 13-14.
张军, 吴国荣, 丁立军, 等. 2021. 大数据时代农业院校应用统计学专业人才培养方案修订的思考——以内蒙古农业大学为例[J]. 内蒙古统计, (3): 43-45.
张涛, 黄海军. 2017. 大数据背景下应用统计专业硕士人才培养模式研究[J]. 教育教学论坛, 29: 178-179.
张婷, 尚建利. 2018. 大数据时代下“雨课堂”在高职信息化教学中的应用[J]. 电子技术与软件工程, (15): 257-258.
张宪立. 2018. 信息技术在翻转课堂中的应用[J]. 电子技术与软件工程, (14): 254.
张晓锋, 王青, 戴剑锋. 2021. 大学物理在线教学中非标准化考核模式的探索与实践[J]. 物理与工程, 31(3): 59-63.
张艳, 陈美蓉, 王亚军, 等. 2019. 课程思政理念下概率论与数理统计教学改革的探索与实践[J]. 教书育人(高教论坛), (12): 80-81.
张阳. 2015. 增强大学生思想政治教育实效性的思考[J]. 思想政治教育研究, 31(2): 94-96.
张义花, 赵东, 安延涛, 等. 2019. 基于雨课堂的翻转课堂在专业课教学中的应用[J]. 高教学刊, (12): 105-107.
赵丽萍. 2006. 深化教学改革, 探索课程考核非标准化新模式[J]. 继续教育研究, (5): 149-150.
郑晶晶. 2014. 问卷调查法研究综述[J]. 理论观察, (10): 102-103.
周丽, 张智顺. 2018. 统计学人才培养探讨[J]. 西部素质教育, 4(18): 138-139.
祝丹, 陈立双. 2016. 大数据驱动下统计学人才培养模式研究[J]. 统计与信息论坛, (12): 102-107.

祝志川, 周兰兰. 2018. 大数据背景下统计学专业复合型人才培养模式创新研究[J]. 技术与教育, (1): 59-62.

宗义湘, 石会娟, 杨江澜, 等. 2017. 大数据背景下经济统计专业人才培养模式创新研究[J]. 河北农业大学学报(农林教育版), (2): 32-36.

邹理, 唐窗林. 2021. 新文科背景下新闻传播研究生培养的新路径[J]. 传媒论坛, 4(23): 171-172.

Amrhein V, Greenland S, McShane B. 2019. Scientists rise up against statistical significance[J]. Nature, 567(7748): 305-307.

Baumer B. 2015. A data science course for undergraduates: Thinking with data[J]. The American Statistician, (69): 334-342.

Cheng S, Ferris M, Perolio J. 2018. An innovative classroom approach for developing critical thinkers in the introductory statistics course[J]. The American Statistician, (72): 354-358.

Hicks S C, Irizarry R A. 2018. A guide to teaching data science[J]. The American Statistician, (72): 382-391.

Horton N J, Hardin J S. 2015. Teaching the next generation of statistics students to "Think with Data": Special issue on statistics and the undergraduate curriculum[J]. The American Statistician, (69): 259-265.

Kaplan D. 2018. Teaching stats for data science[J]. The American Statistician, (72): 89-96.

Levine D M, Stephan D F. 2011. Teaching introductory business statistics using the DCOVA framework[J]. Decision Sciences Journal of Innovative Education, (9): 395-400.

Yavuz F G, Ward M D. 2020. Fostering undergraduate data science[J]. The American Statistician, 74 (1): 8-16.

附 录 一

云南大学统计学本科人才培养方案（2021 年）

一、专业简介

云南大学统计学科拥有一个完整的本-硕-博到博士后的高层次人才培养体系。1983 年获统计学硕士学位授权，“概率论与数理统计”学科于 1986 年被列入省级重点学科建设并于 2001 年被评定为云南省省级重点学科第一名，1989 年获概率论与数理统计硕士学位授权，1998 年获概率论与数理统计博士学位授权，2011 年获批统计学一级学科博士/硕士学位授权，2012 年获批统计学博士后科研流动站。

本学科专业现有专任教师 20 人，其中教授 4 人、副教授 8 人；具有博士学位教师 16 人。拥有国家百千万人才工程暨有突出贡献中青年专家 1 人，国家杰出青年科学基金获得者 1 人，教育部高层次人才 1 人，教育部“新世纪优秀人才支持计划”入选者 1 人，云南省科技领军人才 1 人，云南省中青年学术和技术带头人 1 人，云南省中青年学术和技术带头人后备人才 1 人，云南省高层次青年人才 1 人，云南省“万人计划”青年拔尖人才 5 人，云南省高等学校教学名师 1 人，国际统计学会推选会士 1 人。拥有省级重点实验室 2 个，省级创新团队 1 个，省级院士工作站 1 个。

社会各部门对统计学专门人才的需求量日益增多，统计学专业的毕业生大多在以下部门就业：需要从事数据分析工作的政府部门；银行、证券、基金公司等金融部门；大中小型企业的市场分析、风险管理、质量管理等部门；高等院校、中等学校、科研院所等事业单位；调查公司、咨询公司等数据分析专门机构，以及攻读研究生或出国深造等等。

（一）主干学科

统计学、数学

（二）专业代码

071201

（三）专业定位

应用型

（四）学制与学位

标准修业年限 4 年，授予理学学士学位。

二、培养目标

坚持社会主义办学方向，以习近平新时代中国特色社会主义思想为指导，以立德树人为根本任务，全面贯彻全国教育大会精神，紧紧围绕人才培养质量这个核心，推进协同育人、科研育人、实践育人、文化育人，推动融合教育。

统计学专业坚持立德树人，全力推进协同育人、科研育人、实践育人和文化育人，构建“知识、能力、人格”三位一体的育人体系，培养具有坚实的数学基础、良好的统计理论素养、熟练的计算机及统计软件应用能力，具备某一领域知识，具有实践能力和创新精神，具有社会责任感和国际视野的“懂数据、会分析、能落地”的高素质数据分析人才。

三、培养要求

（一）知识要求

（1）掌握统计学的基础知识、基本理论，具备系统的统计思想。具体包含概率和数理统计基础理论，统计计算能力，现代统计学的核心方法如抽样技术、回归分析、多元统计、时间序列分析及试验设计等。

（2）掌握应用计算机和多种统计软件进行数据分析的多种方法，并能根据数据特点进行方法的选择、整合及创新。

（二）能力要求

（1）具备了解统计学理论与方法的发展动态，并且继续学习新知识的能力，以及进行科学研究的基本能力。

（2）掌握中外文资料查询和文献检索的现代信息技术，具备探索、研究和解决新问题的能力。

（3）具备在新的行业及领域（经济、金融、保险、管理、市场调查、生物、医药、工业、农业、林业、商业、信息技术、教育、卫生、气象、环境和减灾等）中快速学习并应用统计方法发现、分析、解决问题的能力。

（三）素质要求（含专业思政要求）

（1）具有良好的政治、思想、文化、道德、身体和心理素质，全面发展；树立科学的世界观和正确的人生观。

（2）具有交流沟通、适应环境和团队合作的良好能力。

（3）具有一定的职业发展能力和自我提升能力。

四、课程设置

（一）专业核心课程

统计学概论、统计学概论实验、统计计算与软件、统计计算与软件实验、数理统计、应用回归分析、应用回归分析实验、应用多元统计分析、应用多元统计分析实验、应用时间序列分析、应用时间序列分析实验、随机过程、随机过程实验。

（二）主要实践性教学环节

主要实践课程有：①与理论课配套的上机实验和实训；②科研训练；③学年论文；④课外科研实践（各种建模竞赛、大学生创新创业项目等）；⑤专业毕业实习；⑥毕业论文。实践教学学分占总学分的27.92%。

（三）核心课程与培养要求的对应关系矩阵

附表1.1　核心课程（包括理论课程、实践课程）与培养要求的对应关系矩阵

培养要求	核心课程名称	核心课程如何有效支撑培养目标、培养要求
1. 掌握统计学学科概貌及框架，了解统计学的历史和发展	统计学概论	通过教学，达到让学生了解统计学的概念、历史、发展、基本思想和学科框架，对统计学学科有整体认识的目标
2. 掌握统计学基础理论	数理统计、概率论	通过教学，达到让学生掌握统计学核心基础理论——概率论与数理统计理论的目标

续表

培养要求	核心课程名称	核心课程如何有效支撑培养目标、培养要求
3. 掌握统计学核心方法	应用回归分析、应用多元统计分析、应用时间序列、统计计算与软件、实函与泛函、随机过程、数学建模	通过教学，达到让学生系统掌握统计学核心方法论——抽样技术、回归分析、时间序列分析、统计计算等方法的目标
4. 掌握统计学基本方法及其主要统计软件的应用	专业实验课、数据统计分析产业应用、科研训练、毕业实习	通过上机实验、实训或实践应用，达到让学生熟练操作统计软件，应用统计学核心方法——抽样技术、回归分析、时间序列分析、统计计算等的目标

五、毕业与授予学位要求

（一）修读学分要求

附表 1.2　统计学专业课程平台、模块及学分分配表

<table>
<tr><th>课堂教育类型</th><th>课程平台</th><th>课程模块</th><th>课程类型</th><th>学分</th></tr>
<tr><td rowspan="11">第一课堂教育</td><td rowspan="2">通识教育</td><td>全校通识教育必修课程</td><td>思政课程系列、大学英语板块、学术英语、语言技能与文化修养、计算机应用技能、大学体育、写作、心理健康、创新创业、军事</td><td>43</td></tr>
<tr><td colspan="2">全校通识教育选修课程</td><td>12</td></tr>
<tr><td>大类（学科）教育</td><td colspan="2">大类（学科）教育课程</td><td>35</td></tr>
<tr><td rowspan="3">专业教育</td><td rowspan="2">专业课程</td><td>专业核心课程</td><td>27</td></tr>
<tr><td>专业选修课程</td><td>20</td></tr>
<tr><td>综合实践课程</td><td>专业实习、社会调查、学年论文、毕业论文、科研训练类、专业综合技能训练类、阅读计划、研究计划等</td><td>16</td></tr>
<tr><td rowspan="3">拓展教育</td><td>跨学科教育</td><td>跨学科门类课程</td><td rowspan="3">6</td></tr>
<tr><td>专业深度教育</td><td>挑战性课程类、本硕衔接课程类等</td></tr>
<tr><td>个性拓展教育</td><td>特色拓展课程类、专创融合课程类</td></tr>
<tr><td colspan="3">总学分</td><td>159</td></tr>
<tr><td colspan="3">实践教学环节学分占比/%</td><td>28.93</td></tr>
<tr><td>第二课堂教育</td><td colspan="3">劳动教育、科技创新、学术讲座、社团活动社会实践、技能考证、海外短期交流学习等</td><td>6</td></tr>
</table>

（二）主修专业毕业和学位修读要求

本专业基本修业年限为 4 年，根据学校实行的弹性学制，学生可在学校规定的学习年限内完成学业。按教学计划修满第一课堂 157 学分（其中，通识教育课程 53 学分、大类（学科）教育课程 35 学分、专业教育课程 63 学分、拓展教育课程 6 学分）、第二课堂 6 学分，达到《国家学生体质健康标准》，予以毕业，授予理学学士学位。

（三）辅修专业和辅修学位修读要求

辅修专业修读要求：在学校规定的学习年限内，按教学计划修满第一课堂 59 学分，其中，大类（学科）教育课程 30 学分、专业核心课程 21 学分、专业选修课程 8 学分，且获得主修专业毕业证书，颁发辅修专业证书。

辅修学位修读要求：在学校规定的学习年限内，按教学计划修满第一课堂 81 学分，其中，大类（学科）基础课程 34 学分、专业核心课程 27 学分、专业选修课程 16 学分，毕业论文 4 学分，且获得主修专业学士学位，授予理学学士学位。

六、统计学本科专业主修培养方案

附表 1.3　统计学本科专业主修培养方案

<table>
<tr><th>课程平台</th><th colspan="2">课程模块</th><th>课程名称</th><th>学生毕业应修总学分构成</th></tr>
<tr><td rowspan="15">通识教育</td><td rowspan="15">全校通识教育必修课程</td><td rowspan="5">思政课程系列</td><td>思想道德修养与法律基础</td><td rowspan="15">本模块应修总学分数：43（其中，外语模块需修够 8 学分）</td></tr>
<tr><td>中国近现代史纲要</td></tr>
<tr><td>马克思主义基本原理概论</td></tr>
<tr><td>毛泽东思想和中国特色社会主义理论体系概论</td></tr>
<tr><td>形势与政策</td></tr>
<tr><td rowspan="2">大学英语板块</td><td>大学英语读写</td></tr>
<tr><td>大学英语听说</td></tr>
<tr><td rowspan="2">学术英语</td><td>通用学术英语听说</td></tr>
<tr><td>通用学术英语读写</td></tr>
<tr><td rowspan="4">语言技能与文化修养</td><td>高级英语（口译）</td></tr>
<tr><td>高级英语（笔译）</td></tr>
<tr><td>旅游文化交流英语</td></tr>
<tr><td>英语文学赏析</td></tr>
</table>

续表

课程平台	课程模块		课程名称	学生毕业应修总学分构成
通识教育	全校通识教育必修课程	计算机应用技能	办公软件应用	本模块应修总学分数：43（其中，外语模块需修够 8 学分）
			多媒体应用技术	
			程序设计	
			数据统计与分析	
		大学体育	体育	
		写作	中文写作	
		心理健康	大学生心理健康教育	
		创新创业	大学生创新创业教育	
		军事	军事理论	
			军事技能训练	
	全校通识教育选修课程		综合素质选修课程	本模块应修总学分数：12
大类（学科）教育	新生研讨课		统计学发展介绍	本模块应修总学分数：35
	学科基础课程		高等代数	
			数学分析	
			数学分析习作	
			概率论	
			实函与泛函	
			数学建模	
			数学建模实验	
			机器学习	
专业教育	专业核心课程		统计学概论	本模块应修总学分数：27
			统计学概论实验	
			统计计算与软件	
			统计计算与软件实验	
			数理统计	
			应用回归分析	
			应用回归分析实验	
			应用多元统计分析	
			应用多元统计分析实验	
			应用时间序列分析	
			应用时间序列分析实验	
			随机过程	
			随机过程实验	

续表

课程平台	课程模块		课程名称	学生毕业应修总学分构成
专业教育	专业选修课程		描述统计与探索性数据分析	本模块应修总学分数：20
			描述统计与探索性数据分析实验	
			面向对象的程序设计（C++）	
			面向对象的程序设计（C++）实验	
			经济学原理	
			运筹学	
			运筹学实验	
			抽样技术与应用	
			抽样技术与应用实验	
			概率极限理论	
			贝叶斯统计	
			数据统计分析案例	
			属性数据分析	
			非参数统计	
			计量经济学	
			计量经济学建模实验	
			生物统计	
			金融统计	
			大规模数据处理	
			因果推断	
			深度学习	
			统计预测与决策	
			试验设计	
			试验设计实验	
			数据查询语言 SQL	
			风险管理	
			专业英语	
	综合实践课程	阅读计划	阅读计划	本模块应修总学分数：16
		研究计划	研究计划	
		集中实践	学年论文	
			科研规范训练	
			专业实习	
			毕业论文	

续表

课程平台	课程模块	课程名称	学生毕业应修总学分构成
拓展教育	跨学科教育	跨学科门类课程	本模块应修总学分数：6
	专业深度教育	概率论基础	
		数理统计	
	个性拓展教育	职业规划与就业选择	
		创业案例分析	
		数据统计分析产业应用	
毕业学分总计		159	

附　录　二

云南大学数据科学与大数据技术本科专业人才培养方案（2021 年）

一、专业简介

数据科学与大数据技术是以大数据为研究对象，综合运用计算机科学、统计学、数学等学科的相关理论和方法，从数据中提取信息、形成知识、支持决策，从而实现大数据价值的系统化理论与方法。它是计算机、统计学、数学、人工智能等学科交叉融合形成的一门新兴学科。本学科现有专任教师 20 人，其中教授 4 人、副教授 8 人；具有博士学位教师 16 人。拥有国家百千万人才工程暨有突出贡献中青年专家 1 人，国家杰出青年科学基金获得者 1 人，教育部高层次人才 1 人、讲座教授 2 人，国家特聘教授 1 人，教育部新世纪优秀人才支持计划入选者 1 人，云南省科技领军人才 1 人，云南省中青年学术和技术带头人 1 人，云南省中青年学术和技术带头人后备人才 1 人。拥有省级重点实验室 2 个，省级创新团队 1 个，省级院士工作站 1 个。

随着人类社会进入大数据时代，社会各部门对数据科学专门人才的需求量剧增，本专业的毕业生可在以下部门就业：需要从事数据分析工作的政府部门；银行、证券、基金公司等金融部门；大中小型企业的市场分析、风险管理、质量管理等部门；高等院校、中等学校、科研院所；调查公司、咨询公司等数据分析专门机构，以及产生大数据处理及分析需求的各产业部门等等。

（一）主干学科

统计学、数学、计算机科学、人工智能

（二）专业代码

080910T

（三）专业定位

应用型

二、培养目标

本着遵循高等教育教学和人才培养规律，以特色发展为导向，以提高质量为核心，按照“育人为本、德育为先、能力为重、全面发展”要求，着力推进协同育人、科研育人、实践育人和文化育人，构建“知识、能力、人格”三位一体的育人体系，培养学生的学习能力、创新能力、实践能力、交流能力和社会适应能力，造就“基础厚、素养高、能力强、潜力大、全面发展”的高素质专门人才和拔尖创新人才的培养宗旨，数据科学与大数据技术本科专业培养学生的目标是：具有坚实的数学基础，良好的统计理论素养，缜密的数据思维，深邃的人工智能技术，熟练的计算机及数据分析软件应用能力，具备专业学习与应用所需的英语听说读写能力以及较强的社会沟通能力，面对大数据时代和人工智能发展的社会需求，具有较大发展潜力和卓越创新实践能力，适应能力强、全面发展的高素质复合型数据分析人才。

三、培养要求

本专业学生主要学习数据科学与大数据技术的基础知识、基本理论及技术，掌握面向大数据应用的数学、统计学、计算机科学、人工智能的基本理论、方法和技能，具备数据收集、处理、提取、分析、应用等能力。

毕业生应获得以下几方面的知识和能力：

1. 具有良好的政治、思想、文化、道德、身体和心理素质，全面发展；

2. 掌握数据科学与大数据技术的基础知识、基本理论及技术，掌握面向大数据应用的数学、统计学、计算机科学、人工智能的基本理论、方法和技能，具备数据收集、处理、提取、分析、应用以及创新等能力；

3. 掌握中外文资料查询和文献检索的现代信息技术，具备探索、研究和解决新问题的能力；

4. 知识面广，具备在新的行业及领域（经济、金融、保险、管理、市场调查、生物、医药、工业、农业、林业、商业、信息技术、教育、卫生、气象、环境和减灾等）中快速学习并应用数据科学与大数据理论、方法和技术发现、分析、解决问题的能力；

5. 具备了解数据科学理论与方法的发展动态，并且继续学习新知识的能力，以及进行科学研究的基本能力；

6. 具有良好的终身学习能力和自我提升能力；

7. 具有良好的交流沟通、适应环境和团队合作能力。

四、课程设置

（一）专业核心课程

数据科学导论、程序设计基础、程序设计基础实验、数据结构与算法设计、数据结构与算法设计实验、最优化方法、最优化方法实验、统计学方法、统计学方法实验、大数据分布式计算、大数据分布式计算实验、机器学习、机器学习实验、人工智能概论。

（二）主要实践性教学环节

主要实践课程有：①与理论课配套的上机实验和实训；②科研训练；③学年论文；④课外科研实践（各种建模竞赛、大学生创新创业项目等）；⑤专业毕业实习；⑥毕业论文。实践教学学分占总学分的31.22%。

（三）核心课程与培养要求的对应关系矩阵

附表2.1　核心课程（包括理论课程、实践课程）与培养要求的对应关系矩阵

培养要求	核心课程名称	核心课程如何有效支撑培养目标、培养要求
1. 掌握数据科学学科概貌及框架，了解数据科学的历史和发展	数据科学导论	让学生了解数据科学概念、历史、发展、基本思想和学科框架，对数据科学学科有整体认识
2. 掌握数据科学基础理论	高等代数与解析几何（1）（2）、数学分析（1）（2）、数据科学概率基础、数据科学统计基础、数据科学计算机基础	让学生掌握数据科学的理论基础——数学、统计学和计算机科学核心理论和方法，为专业课程的学习奠定基础

续表

培养要求	核心课程名称	核心课程如何有效支撑培养目标、培养要求
3. 掌握数据科学核心方法	数据库原理与技术、数据结构与算法设计、优化理论与算法、统计学习、分布式系统与云计算、机器学习、人工智能与类脑计算	让学生系统掌握数据科学的核心方法论，能够进行数据处理、数据计算和数据分析
4. 掌握数据科学基本方法的应用	专业实验课、数据科学产业实践、科研训练、毕业实习	通过实验或实训，让学生能够熟练应用数据科学方法解决实际问题

五、修读要求

（一）总学分、模块学分

附表 2.2　数据科学与大数据技术专业课程平台、模块及学分分配表

<table>
<tr><th>课堂教育类型</th><th>课程平台</th><th>课程模块</th><th>课程类型</th><th>学分</th></tr>
<tr><td rowspan="11">第一课堂教育</td><td rowspan="2">通识教育</td><td>全校通识教育必修课程</td><td>思政课程系列、大学英语板块、学术英语、语言技能与文化修养、计算机应用技能、大学体育、写作、心理健康、创新创业、军事</td><td>43</td></tr>
<tr><td colspan="2">全校通识教育选修课程</td><td>12</td></tr>
<tr><td>大类（学科）教育</td><td colspan="2">大类（学科）教育课程</td><td>34</td></tr>
<tr><td rowspan="3">专业教育</td><td rowspan="2">专业课程</td><td>专业核心课程</td><td>32</td></tr>
<tr><td>专业选修课程</td><td>22</td></tr>
<tr><td>综合实践课程</td><td>专业实习、社会调查、学年论文、毕业论文、科研训练类、专业综合技能训练类、阅读计划、研究计划等</td><td>16</td></tr>
<tr><td rowspan="3">拓展教育</td><td>跨学科教育</td><td>跨学科门类课程</td><td rowspan="3">6</td></tr>
<tr><td>专业深度教育</td><td>挑战性课程类、本硕衔接课程类等</td></tr>
<tr><td>个性拓展教育</td><td>特色拓展课程类、专创融合课程类</td></tr>
<tr><td colspan="3">总学分</td><td>165</td></tr>
<tr><td colspan="3">实践教学环节学分占比/%</td><td>32.12</td></tr>
<tr><td>第二课堂教育</td><td colspan="3">劳动教育、科技创新、学术讲座、社团活动社会实践、技能考证、海外短期交流学习等</td><td>6</td></tr>
</table>

（二）修业年限、毕业要求及授予学位类型

本专业基本修业年限为 4 年，根据学校实行的弹性学制，学生可在学校规定的学习年限内完成学业。按教学计划修满第一课堂 163 学分、第二课堂 6 学分，达到《国家学生体质健康标准》，予以毕业，授予工学学士学位。

（三）辅修和双学位修读要求

辅修专业修读要求：在学校规定的学习年限内，按教学计划修满第一课堂（不包括通识课）56 学分，其中，大类（学科）基础课程 28 学分、专业核心课程 20 学分、专业选修课程 8 学分，且获得主修专业毕业证书，颁发辅修专业证书。

辅修学位修读要求：在学校规定的学习年限内，按教学计划修满第一课堂（不包括通识课）82 学分，其中，大类（学科）基础课程 30 学分，专业核心课程 32 学分，专业选修课程 16 学分，毕业论文 4 学分，且获得主修专业学士学位，授予工学学士学位。

六、数据科学与大数据技术本科专业主修培养方案

附表 2.3　数据科学与大数据技术本科专业主修培养方案

课程平台	课程模块		课程名称	学生毕业应修总学分构成
教育	全校通识教育必修课程	思政课程系列	思想道德修养与法律基础	本模块应修总学分数：43（其中外语模块需修够 8 学分）
			形势与政策	
			中国近现代史纲要	
			马克思主义基本原理概论	
			毛泽东思想和中国特色社会主义理论体系概论	
		大学英语板块	大学英语读写	
			大学英语听说	
		学术英语	通用学术英语听说	
			通用学术英语读写	
		语言技能与文化修养	高级英语（口译）	
			高级英语（笔译）	
			旅游文化交流英语	
			英语文学赏析	

续表

<table>
<tr><th>课程平台</th><th colspan="2">课程模块</th><th>课程名称</th><th>学生毕业应修总学分构成</th></tr>
<tr><td rowspan="12">通识教育</td><td rowspan="11">全校通识教育必修课程</td><td rowspan="4">计算机应用技能</td><td>数据库技术</td><td rowspan="11">本模块应修总学分数：43（其中外语模块需修够 8 学分）</td></tr>
<tr><td>实用网站开发</td></tr>
<tr><td>程序设计</td></tr>
<tr><td>数据统计与分析</td></tr>
<tr><td>大学体育</td><td>体育</td></tr>
<tr><td>写作</td><td>中文写作</td></tr>
<tr><td>心理健康</td><td>大学生心理健康教育</td></tr>
<tr><td>创新创业</td><td>大学生创新创业教育</td></tr>
<tr><td rowspan="2">军事</td><td>军事理论</td></tr>
<tr><td>军事技能训练</td></tr>
<tr><td colspan="2">全校通识教育选修课程</td><td>综合素质选修课程</td><td>本模块应修总学分数：12</td></tr>
<tr><td rowspan="9">大类（学科）教育</td><td colspan="2">新生研讨课</td><td>大数据发展介绍</td><td rowspan="9">本模块应修总学分数：34</td></tr>
<tr><td colspan="2" rowspan="8">学科基础课程</td><td>高等代数与解析几何</td></tr>
<tr><td>数学分析</td></tr>
<tr><td>数学分析习作</td></tr>
<tr><td>数据科学计算机基础</td></tr>
<tr><td>数据科学计算机基础实验</td></tr>
<tr><td>数据科学概率基础</td></tr>
<tr><td>数据科学统计学基础</td></tr>
<tr><td rowspan="10">专业教育</td><td colspan="2" rowspan="10">专业核心课程</td><td>操作系统原理</td><td rowspan="10">本模块应修总学分数：32</td></tr>
<tr><td>数据科学导论</td></tr>
<tr><td>数据库原理与技术</td></tr>
<tr><td>数据结构与算法设计</td></tr>
<tr><td>优化理论与算法</td></tr>
<tr><td>概率图模型</td></tr>
<tr><td>统计学习</td></tr>
<tr><td>机器学习</td></tr>
<tr><td>分布式系统与云计算</td></tr>
<tr><td>人工智能与类脑计算</td></tr>
</table>

续表

课程平台	课程模块	课程名称	学生毕业应修总学分构成
专业教育	专业选修课程	大数据采集与融合技术	本模块应修总学分数：22
		大数据预处理	
		实变函数与复变函数	
		计算机网络	
		信息论基础	
		软件工程	
		离散数学	
		面向对象的程序设计（C++）	
		数学建模与模拟	
		Hadoop/Spark 大数据开发技术	
		抽样技术与方法	
		经济学原理	
		统计预测与决策	
		统计计算	
		Linux 系统及应用	
		深度学习	
		时间序列分析	
		贝叶斯分析	
		非参数统计	
		回归分析	
		计量经济学	
		大数据综合实践案例	
		文本数据挖掘	
		数据可视化与探索性分析	
		因果推断	
		数字图像处理	
		数据分析算法	
		高维数据分析	
		网络与信息安全（重技术）	
		属性数据分析	
		高频金融统计	
		专业英语	
		智能决策方法	

续表

课程平台	课程模块		课程名称	学生毕业应修总学分构成
专业教育	综合实践课程	阅读计划	阅读计划	本模块应修总学分数：16
		研究计划	研究计划	
		集中实践	学年论文	
			科研规范训练	
			专业实习	
			毕业论文	
拓展教育	跨学科教育		跨学科门类课程	本模块应修总学分数：6
	专业深度教育		张量分析及应用	
			应用随机过程	
			人机交互	
	个性拓展教育		职业规划与就业选择	
			创业案例分析	
			数据科学产业实践	
毕业学分总计			165	